Carla Gislon
Maria Grazia Selle

BIEN JOUÉ !
1

MÉTHODE DE FRANÇAIS

avec la collaboration de
Monique Bazin

HACHETTE
Français langue étrangère
www.hachettefle.fr

Crédits photographiques

ALTITUDE/Y. Arthus-Bertrand, *Parc des Princes/Paris 16ᵉ* : 58 ; Y. Arthus-Bertrand, *Aéroport Charles De Gaulle : aérogare I/Val d'Oise* : 112 ;

DIAF/A. Le Bot, *Kiosque à journaux et bureau de tabac* : 16 ; J. Sierpinski, *Les Gets* : 31 ; G. Gsell, *Chaumière* : 70 ; C. Moirenc, *Cabanon/environ de Lourmarin* : 75 ;

EXPLORER/Ch. Delpal, *Collège/Lyon-69* : 34 ; F. Jalain, *Orgue de Couperin/Eglise Saint Gervais-Paris 4* : 47 ;

GAMMA/Westenberger-Liaison, *Michael Jordan in movie « Space Jam »* : 12 ; M. Ponomareff, *Céline Dion en concert à Montréal* : 12 ; B. Bakalian, *Jacques Villeneuve Melbourne : G.P. de Fl d'Australie* : 12 ; *JO Barcelona 92-Revue d'Effectifs, Marie-José Pérec* : 12 ; *Saint-Denis/France/12 juillet 1998/Finale coupe du Monde/Zinédine Zidane* : 12 ; M. Gounot, *Baladeur/CD/Laser et casque* : 44 ; Photo News, *Mondial 98 : France Italie : 4-3/Equipe de France* : 52 ; *Emmanuel Petit* : 67 ; G. Mérillon, *Roissy, aéroport Charles de Gaulle/Concorde* : 112 ;

HOA-QUI/J.-M. Roignant, *B. Terre-Guadeloupe* : 22 ; B. Morandi, *Le diamant Martinique/Antilles* : 22 ; C. Vaisse, *La Réunion : Mafate* : 22 ; E. Valentin, *Midi Pyrénées (46)* : 40 ; E. Valentin, *Paysages de Picardie-Amiens* : 40 ; C. Valentin, *74/Le Mont d'Arbois* : 75 ; G. Guittard/Architectes : Macaly, Zublena, Regembal, Costantini, © ADAGP 1999, *93-Stade de France* : 58 ; Zefa-Rossenbach, *Arbre en fleur* : 59 ; Richer, *Agriculture* : 59 ; B. Chemin, *Automne en forêt de Fontainebleau* : 59 ; M. Garnier, *Charente-Maritime* : 59 ; E. Valentin, *Le pays basque/Paysage Labourdin* : 76 ; C. Valentin, *Toulouse* : 76 ; W. Buss, *Alsace-Maisons à pans de bois* : 76 ; Kid/Kervella, *Transport : TGV Atlantique* : 112 ; W. Buss, *Grande Bretagne/Eurostar Londres/Waterloo station* : 112 ; E. Valentin, *64-Village de Sare* : 112,

JERRICAN/Galia, *Montréal* : 8 ; Fuste-Raga, *Porte Alcala : Madrid* : 21 ; E. Chauvet : 34 ; Lespinasse, *Palais des sports de Bercy* : 58 ; A. Berenguier, *Stade Sébastien Charléty, Paris XIIIᵉ* : 58 ; Gable : 62 ; Crampon, *Corse* : 75 ; Valls, *Maison bretonne* : 76 ; Gable : 77 ; Darque : 88 ; Aurel 95 ; Aurel, *Gare du Nord/Départ Eurostar* : 98 ; Chandelle, *Paris/Gare de Lyon* : 103 ; Lerosey, *Gare du Nord* : 103 ; Thomas, *Gare Montparnasse SNCF* : 103 ; Chandelle, *69-Lyon Perrache/TGV* : 112 ; Laguet, *Tunnel du Mont Blanc côté France* : 112 ;

PIX/F.P.G. © Travelpix, *Paris, Champs de Mars, Parterre de fleurs, La tour Eiffel* : 8 ; P. Thompson, *Arc de Triomphe/Paris* : 21 ; Y.R. Caoudal, *La plage de Laudonnec et la côte* : 26 ; Meauxsoone, *Pornic-44* : 31 ; Kos Photos, *Sports/Sailing* : 52 ; V.C.L., *Sports-Joueurs de football* : 57 ; V.C.L., *Sports-Piscine/Homme nageant le papillon* : 57 ; V.C.L., *Sports Basket Ball* : 57 ; F.P.G. © J.P. Nacivet, *People : Family/Pique Nique/Famille (2 enfants et 2 amies) sur l'herbe/Arbres* : 62 ; J. Lebar, *Paris (75)/Façade Immeuble Place Félix Faure* : 70 ; O. Beuve-Méry, *Façade Haussmannienne* : 76 ; D. Page, *Le marché aux puces de St Ouen (93)* : 80 ; *Puces de St Ouen* : 80 ; M. Trigalou, *Paris/Magasin « La Samaritaine »* : 80 ; *Crêpes bretonnes* : 88 ; J. Benazet, *Perpignan (66)/La Gare (n.c)* : 98 ; Le-Doaré, *Quimper* : 106 ;

RAPHO/Gile, *Cheval et pommier en fleurs-Sarthe 72* : 31 ; H. Donnezan, *Hard Rock/Nashville/Midem 89* : 47 ; J.-C. Bourcart, *Little MC* : 47 ; C. Fleurent, *Zénith dans le Parc de la Villette* : 58 ; Kenneth Poulsenn, *Olympia* : 58 ;

STILL/F. Albert, *Ambiance techno* : 47 ; *Festival de Deauville/S. Marceau* : 67 ; Charriau, *Secteur A en concert à l'Olympia* : 67 ; Saintlouis, *Mylène Farmer* : 67.

Conception et réalisation : Encore lui !
Couverture : Encore lui !
Illustrations : Pronto, Louis Alloing
Photos de couverture : JERRICAN/Labat ; FOTOGRAM-STONE/B. Grilly, Côtes d'Armor, Bréhat, Hameau de Birlot, le Kerpont ; HOA-QUI/Zefa-Kalt, Avion au décollage.
Cartographie : Hachette Éducation
Photogravure : Access

© Petrini Editore 1998, Torino
© Hachette Livre 1999, 43 quai de Grenelle, 75905 PARIS Cedex 15.
ISBN : 978-2-01-155107-8

Pour découvrir nos nouveautés, consulter notre catalogue en ligne, contacter nos diffuseurs ou nous écrire, rendez-vous sur Internet :
www.hachettefle.fr

Tous droits de traduction, de reproduction et d'adaptation réservés pour tous pays.

La loi du 11 mars 1957 n'autorisant, aux termes des alinéas 2 et 3 de l'article 41, d'une part, que les « copies ou reproductions strictement réservées à l'usage privé du copiste et non destinées à une utilisation collective », et, d'autre part, que les analyses et les courtes citations dans un but d'exemple et d'illustration, « toute représentation ou reproduction intégrale ou partielle, faite sans le consentement de l'auteur ou de ses ayants droit ou ayants cause, est illicite ». (Alinéa 1 de l'article 40.)

Cette représentation ou reproduction, par quelque procédé que ce soit, sans autorisation de l'éditeur ou du centre français de l'exploitation du droit de copie (20, rue des Grands Augustins 75006 Paris), constituerait donc une contrefaçon sanctionnée par les articles 425 et suivants du Code pénal.

Avant-propos

Bien Joué ! est une méthode d'apprentissage du français prévue pour une centaine d'heures, c'est-à-dire trois cours par semaine environ, et conçue pour de jeunes adolescents en situation de classe qui commencent l'étude du français.

C'est une méthode *communicative* visant à donner une compétence de base aux élèves :
- pour comprendre des messages simples oraux ou écrits ;
- pour réussir à parler et à rédiger dans une langue quotidienne.

C'est une méthode qui pose comme principes pédagogiques :
- la *simplicité* (en terme de quantité de matériel proposé et de type d'approche qui mêle apprentissage par imitation et apprentissage raisonné) ;
- la *clarté de la progression* très rigoureuse et contrôlée.

C'est une méthode qui prend également en compte tous les aspects de la langue auxquels elle consacre des rubriques spécifiques : phonétique, lexique, grammaire, fonctions communicatives, sans oublier la civilisation qui est intrinsèquement liée à la langue.

Le livre est structuré en plusieurs doubles pages :
- 1ère double page : travail d'écoute et de compréhension orale
On observe les images de la BD qui illustrent les moments clés des aventures de Nicolas et de son amie canadienne, Pauline ; on imagine ce que les personnages se diront ; on écoute plusieurs fois le dialogue ; on essaie d'affiner la compréhension à travers divers exercices de repérage du sens (*Écouter et comprendre*) et on découvre certaines expressions linguistiques qui permettent de communiquer (*Que dit-on pour...*) ;

- 2e double page : travail sur le dialogue
On lit le dialogue et on affine encore la compréhension (*Travailler sur le dialogue*) ; on réemploie ce que l'on a appris dans des activités communicatives (*Communiquer*) ; on approfondit un champ lexical lié au contenu sémantique de la leçon (*Mots*) ; on améliore la prononciation en travaillant sur des points particuliers de phonétique, avec des chansons (*Sons et orthographe*) ;

- 3e double page : réflexion sur la grammaire
On isole certaines règles sur lesquelles les élèves sont invités à raisonner pour favoriser un apprentissage conscient (*Analyser la langue*) ;

- 4e double page : travail sur la production orale et écrite
On met en pratique et on exploite tous les éléments vus dans l'unité en les combinant entre eux dans des activités écrites et orales (*Mettre en pratique*) ; on travaille la compréhension écrite sur des documents authentiques (*Comprendre et écrire*) ;

- Double page de civilisation : toutes les deux unités, on trouve des activités qui développent quelques aspects de civilisation abordés dans les deux unités précédentes : informations sur la France et le monde francophone, sur la vie quotidienne (la famille, l'habitat, l'école, les fêtes, etc.) (*Ma documentation, Mes pense-bêtes*). Ces activités se concluent par un exercice de compréhension orale (*Radio-copains*) et la réalisation d'un projet qui implique toute la classe (*Mes projets*).

Bien Joué ! : une méthode pour faire aimer le français !

Sommaire

Unités	QUE DIT-ON POUR…	MOTS	SONS ET ORTHOGRAPHE	ANALYSER LA LANGUE	CULTURE
1. Pauline à Paris	Saluer Se présenter Prendre congé	Fiches d'identité	Rythme et intonation	L'article défini du singulier *Qui est-ce ?* Les verbes *être* et *s'appeler* (début) Le féminin des adjectifs Les adjectifs possessifs du singulier	*Monsieur, Madame, Mademoiselle* Les prénoms
2. Au Point Presse	Identifier Demander Remercier Exprimer des appréciations	La librairie-papeterie (journaux et confiseries) Les nombres de 1 à 10	Rythme, intonation et liaison Le son [ɔ̃]	Les articles indéfinis Les articles définis du pluriel Le verbe *être* (suite) Le pluriel des noms et des adjectifs *Qu'est-ce que c'est ?* *Qu'est-ce qu'il y a ?*	« Tu » ou « vous » Le français dans le monde Pays et nationalités
3. Sur la plage	Dire l'âge Confirmer Indiquer un lieu	La nature Les nombres de 11 à 60	Les voyelles [a], [u] et [y] Les consonnes [p], [m] et [v]	Indiquer l'heure Le présent du verbe *avoir* Les verbes *habiter* et *aller* (début) Les préposition *à* et *en* et la contraction *au* L'adverbe *où* et la conjonction *ou*	La France, sa géographie et ses paysages
4. On parle d'école	Indiquer un lieu Demander la classe S'informer S'excuser	Les boissons Les snacks Le goûter	Les voyelles [e] et [ɛ] Les accents « é », « è » et « ê » Les consonnes [b], [d], [t] et [f]	Les adjectifs numéraux ordinaux Le pronom personnel *on* Le verbe *aller* (suite) Les adjectifs interrogatifs La préposition *de* et les articles contractés	L'école en France Les membres d'un collège
5. Vive la musique !	Exprimer ses goûts Proposer et accepter ou refuser	Les instruments de musique Les appareils Les enregistrements	Les voyelles [ø], [œ] et [ə] Les consonnes [ʃ] et [s]	Les verbes en *-er* (début) La forme négative Le futur proche *Aujourd'hui, demain, maintenant, avant, après*	Les jeunes Français et la musique Les lieux de musique
6. Fous de foot	Indiquer la position Exprimer des préférences Indiquer la fréquence	Les jours de la semaine Les sports	Les sons [i], [ɛ], [w], [s] et [k] Les groupes « ai », « ei » et « oi » La lettre « c »	Les adjectifs possessifs (suite) Les verbes en *-er* (suite) *Debout* et *assis* L'impératif	Les sports Le calendrier Le temps et les saisons

Unités	QUE DIT-ON POUR…	MOTS	SONS ET ORTHOGRAPHE	ANALYSER LA LANGUE	CULTURE
7. L'album de photos	Décrire une personne Donner des appréciations	La famille Portraits	Les voyelles [o] et [ɔ] Les consonnes [g], [ʒ] et [ʃ]	Le féminin et le pluriel des adjectifs (suite) Les adjectifs exclamatifs Les pronoms personnels toniques	La famille française
8. Chez Pauline et chez Nicolas	Décrire un lieu Donner des appréciations	Les pièces de la maison Les meubles	Les voyelles nasales [ɔ̃] et [ɑ̃] La consonne [r]	Les adjectifs démonstratifs Les adverbes de quantité *très, assez* et *trop* Les prépositions de lieu	Les maisons de France
9. Le magasin de souvenirs	Montrer quelque chose Acheter Demander le prix	Les vêtements Les couleurs	Les voyelles nasales [ɛ̃] et [œ̃] Les sons [z] et [s], [b] et [v]	Le féminin des adjectifs de couleur La forme interrogative avec *est-ce que* Les verbes *acheter* et *vouloir*	Les achats et l'argent
10. Qu'est-ce qu'on mange ?	Exprimer des besoins Offrir de la nourriture	Au supermarché (rayon alimentation)	Les sons [k] et [g] et la prononciation de « gu » et « qu » Les consonnes finales	Le partitif L'emploi de *très*, de *beaucoup*, et de *beaucoup de* *Pourquoi* et *parce que* Les verbes *faire* et *boire* Le pronom personnel *on* (suite)	Les repas et la gastronomie
11. À la gare	Présenter quelqu'un Exprimer la provenance Exprimer la destination	À la gare	La consonne [l] Les semi-voyelles [j] et [ɥ] La lettre « y » et les groupes « il » et « ill »	Les trois formes interrogatives Les verbes *venir* et *partir* Le passé récent	Les transports
12. Une fête folklorique	Demander le nom Indiquer la direction Donner des ordres	Les directions Les panneaux	Les consonnes [n] et [ɲ] Révision des voyelles nasales et de l'alphabet	La forme négative (suite) Les prépositions *près de* et *loin de* Les verbes *pouvoir*, *devoir* et *mettre* *Appeler* et *s'appeler* Temps du passé (sensibilisation)	Les routes Les fêtes

UNITÉ 1 — Pauline

Que dit-on pour...

... saluer

- BONJOUR, PAUL.
- COMMENT ÇA VA ?
- SALUT, JULIE.
- ÇA VA.

- BONJOUR, MONSIEUR.
- BONJOUR, MADAME.
- COMMENT ALLEZ-VOUS ?
- TRÈS BIEN, MERCI.

- BONSOIR, MADAME.
- BONSOIR, MONSIEUR.

Aéroport Roissy-Charles de Gaulle

MONTRÉAL 8h45
Voilà Pauline !
ARRIVÉE 2
Nicolas !

Avant d'écouter

1 Observe et trouve les bonnes images : 1, 2, 3 ou 4 ?

1. Pauline avec Nicolas et sa mère.
2. Un avion d'Air France.
3. Pauline avec une hôtesse.
4. L'aéroport de Roissy-Charles de Gaulle.
5. Le hall de l'aéroport.
6. L'hôtesse et la mère de Nicolas.
7. Nicolas et sa mère dans le hall.
8. Les arrivées des vols.

à Paris

UNITÉ 1

Écouter et comprendre

2 Écoute et trouve les prénoms.
1. L'ami français de Pauline s'appelle … .
2. L'amie canadienne de Nicolas s'appelle … .
3. La mère de Nicolas s'appelle … .

3 Qui dit quoi ? Fais correspondre.
1. Voilà Pauline !   Madame Mallet
2. Salut, Nicolas !   L'hôtesse
3. Au revoir, madame.   Pauline
4. Oui, c'est Pauline.   Nicolas

Que dit-on pour…

… se présenter

— Tu es Paul ?
— Oui, c'est moi. Et toi, tu es Julie ?

— Tu t'appelles comment ?
— Je m'appelle Mathieu, et toi ?
— Moi, je m'appelle Caroline.

… prendre congé

— Salut, Julie ! À bientôt.
— Au revoir, Paul.

— Au revoir, monsieur.
— Bonsoir, madame.

Vignettes BD :
- Bonjour, Pauline.
- Bonjour, madame.
- Au revoir, madame.

7

UNITÉ 1 — Pauline à Paris

Nicolas : Voilà Pauline !
Madame Mallet : Oui, c'est Pauline !
Pauline : Nicolas !

....

L'hôtesse : Bonjour, madame. Vous êtes madame Mallet ?
Madame Mallet : Oui, c'est moi.
L'hôtesse : Pauline, voilà ta famille française.
Nicolas : Salut, Pauline ! Je suis Nicolas, ton ami français.
Pauline : Salut, Nicolas ! Bonjour, madame.
Madame Mallet : Bonjour, Pauline. Je suis la maman de Nicolas. Je m'appelle Isabelle. Comment ça va ?
Pauline : Très bien, merci.
L'hôtesse : Au revoir, madame. Au revoir, les enfants.

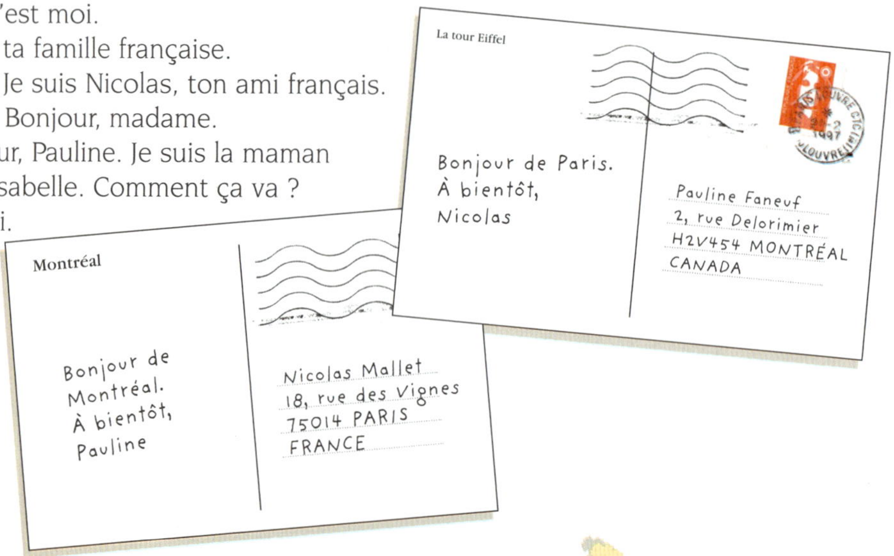

Montréal

Bonjour de
Montréal.
À bientôt,
Pauline

Nicolas Mallet
18, rue des Vignes
75014 PARIS
FRANCE

La tour Eiffel

Bonjour de Paris.
À bientôt,
Nicolas

Pauline Faneuf
2, rue Delorimier
H2V454 MONTRÉAL
CANADA

Mots

- **Fiches d'identité**

Nom : Mallet
Prénom : Nicolas
Nationalité : française
Adresse : 18, rue des Vignes
75014 Paris

Nom : Faneuf
Prénom : Pauline
Nationalité : canadienne
Adresse : 2, rue Delorimier
H2V454 Montréal

Travailler sur le dialogue

1. Cache le texte de la page 8, puis écoute et répète le dialogue.
2. Écoute le dialogue avec le texte.
3. Répète le dialogue avec la cassette et le texte.

Communiquer

4. Écoutez le mini-dialogue. Posez-vous la même question et répondez.
5. Fais correspondre les mini-dialogues aux images.

1. — Bonjour, monsieur, comment allez-vous ? — Très bien, merci.
2. — Bonjour, madame. — Bonjour, Paul.
3. — Bonjour, monsieur Ponsard. Ça va bien ? — Très bien, Paul, et toi ?
4. — Salut, Catherine. — Salut, Paul, ça va ?

6. Jouez les situations suivantes.
1. L'hôtesse présente Pauline à Nicolas. Nicolas et Pauline se saluent.
2. Pauline et madame Mallet se saluent et se présentent.
3. Alice et Caroline se rencontrent, se saluent et se présentent.
4. Madame Mallet salue l'hôtesse. L'hôtesse lui répond et prend congé.

Sons et orthographe

Bonjour Thomas.
Bonjour Lisa.
Comment ça va ?
Ça va, ça va
Comme ci, comme ça
Ça va, ça va.

Comment elle s'appelle ?
Isabelle ou Estelle ?
Qu'importe ?
Elle est si belle.

UNITÉ 1 — Pauline à Paris

ANALYSER LA LANGUE

Le, la, l'

C'est **le** père de Nicolas.

C'est **la** mère de Nicolas.

C'est **l'**ami de Pauline.

C'est **l'**amie de Nicolas.

1 Trouve les noms et les articles.

… … d'Air France

… … d'Air France

… …

> L'article défini du singulier
> le / l'
> la / l'

Qui est-ce ?

Qui est-ce ?

C'est Pauline.
C'est l'amie de Nicolas.

2 À toi maintenant.

Qui … ?

C'est … . C'est … .

Je m'appelle...

Je **m'appelle** Pauline.
Tu **t'appelles** Nicolas.

Je **m'appelle** Nicolas.
Tu **t'appelles** Pauline.

> S'appeler
> Je m'appelle
> Tu t'appelles
> Il s'appelle
> Elle s'appelle

Je suis...

Je suis de Paris, tu es de Montréal.

Être
Je suis
Tu es
Il est
Elle est

3 À toi maintenant.
Je ... . Tu... .

Français ou française ?

Je suis français.

Je suis française.

Elle s'appelle Pauline. Elle est canadienne.

Masculin / Féminin
français / française
canadien / canadienne
belge / belge

4 À toi maintenant. 
Il ... . Il ... .

5 Complète, comme dans l'exemple.

José est espagnol. — Carmen est espagnole.
1. John est anglais. — Mary ... .
2. Philippe est belge. — Christine ... .
3. Nicolas est français. — Caroline ... .
4. Pierre est canadien. — Pauline ... .

Mon père, ma mère

Voilà mon père. Voilà ma mère.

C'est son père. C'est sa mère. Et je suis son amie.

Les adjectifs possessifs du singulier
je –> mon - ma
tu –> ton - ta
il / elle –> son - sa

6 Complète.
1. Je suis Pauline. Nicolas est ... ami.
2. Je suis madame Mallet, je suis ... mère.
3. Monsieur Mallet : Nicolas, je suis ... père.
4. Je suis Nicolas. Pauline est ... amie.

UNITÉ 1 — Pauline à Paris

METTRE EN PRATIQUE

1 Observe : comment ils se saluent ? Complète.

— Bonjour, Paul.
— Salut, Julie !

2 Complète librement les mini-dialogues, comme dans l'exemple.

— Salut, Marc.
— Salut, Antoine.
— Comment ça va ?
— Comme ci, comme ça.

1. — Bonjour, madame.
— Bonjour, … .
— Comment … ?
— … .

2. — Salut, Julie.
— …, Daniel.
— … ?
— … .

3 Observe les images et complète les dialogues, comme dans l'exemple.

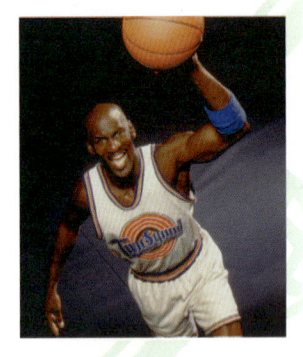

— Qui est-ce ?
— C'est Michael Jordan, il est américain.

1. — Qui est-ce ?
— C'est …, elle est … .

2. — Qui est-ce ?
— …, Jacques Villeneuve, il … .

3. — Qui est-ce ?
— … Marie-José Pérec, … .

4. — Qui est-ce ?
— …, … .

Pauline à Paris   Unité 1

COMPRENDRE et écrire

Nom : Mouret
Prénom : Basile
Nationalité : française
Adresse : 14, place Garibaldi
NICE

Nom : Ferrat
Prénom : Nathalie
Nationalité : belge
Adresse : 45, rue Sainte-Catherine
BRUXELLES

Nom : Dorval
Prénom : Marc
Nationalité : suisse
Adresse : 32, rue des Lilas
GENÈVE

Nom : Niger
Prénom : Josiane
Nationalité : française
Adresse : 12, avenue Victor-Hugo
FORT-DE-FRANCE (Martinique)

Nom : Baudry
Prénom : Félix
Nationalité : canadienne
Adresse : 280, boulevard Saint-Antoine
MONTRÉAL (Québec)

Lis les fiches et présente chaque personnage, comme dans l'exemple.

Il s'appelle Basile Mouret.
Il est français.
Il est de Nice.

1. Il s'appelle … .
Il est … .
Il … .

2. Elle s'appelle … .
Elle est … .
Elle … .

3. Elle s'appelle … .
Elle est … .
Elle … .

4. Il s'appelle … .
Il est … .
Il … .

13

UNITÉ 2 — Au Point

Que dit-on pour...

...identifier

— C'est un chewing-gum ?
— Non, c'est un carambar : un bonbon.

— C'est Paris ?
— Oui, c'est la Tour Eiffel.

...demander

— Deux cartes postales, s'il vous plaît.

— Un carambar, s'il te plaît.

Oh ! Elles sont jolies !

— Qu'est-ce que c'est ?
— C'est un journal.

Avant d'écouter

❶ Fais correspondre.
1. C'est un journal.   cartes postales   Nicolas
2. Elles sont jolies !   *Okapi*   Pauline

❷ Observe et montre.
1. Où sont Pauline et Nicolas ?
2. Qu'achète Pauline ?
3. Qu'achète Nicolas ?
4. Qu'est-ce qu'on vend au Point Presse ?

14

Presse

UNITÉ 2

Écouter et comprendre

3 Dis si c'est vrai ou faux.
1. Pauline achète des Carambars.
2. Nicolas achète des cartes postales.
3. La caissière est une femme.
4. Nicolas donne un Carambar à Pauline.
5. Les Carambars sont des chewing-gums.

4 Chasse l'intrus.
1. Pauline achète :
   un crayon ● quatre chewing-gums ● une gomme ● deux cartes postales
2. Nicolas achète :
   un cahier ● quatre Carambars ● un stylo ● un journal

Que dit-on pour...

... remercier

... exprimer des appréciations

15

UNITÉ 2 — Au Point Presse

Pauline : Il y a des cartes postales ?
Nicolas : Oui, ici : tiens, la tour Eiffel, les Champs-Élysées…
Pauline : Oh ! Elles sont jolies ! Bon, alors deux cartes postales.
Nicolas : Et pour moi, O*kapi*.
Pauline : Qu'est-ce que c'est ?
Nicolas : C'est un journal pour les jeunes. C'est très intéressant.

....

Nicolas : Et là, il y a des crayons, des stylos, des gommes…
Pauline : Ah oui, elles sont marrantes.

....

Pauline : Bonjour, madame. Une gomme, un crayon et deux cartes postales, s'il vous plaît.
Nicolas : Et pour moi, O*kapi*, un cahier et quatre Carambars.
Pauline : Des Carambars ? Ce sont des bonbons ?
Nicolas : Oui, au caramel. C'est super bon ! Tiens !
Pauline : Merci beaucoup.

Mots

- **La librairie-papeterie**

  un cahier   un carnet   un livre   un journal   une carte postale   une gomme

  un stylo   un crayon   un bonbon   un Carambar

- **Les nombres de 1 à 10**

  | 1 un | 3 trois | 5 cinq | 7 sept | 9 neuf |
  | 2 deux | 4 quatre | 6 six | 8 huit | 10 dix |

Travailler sur le dialogue

1 Cache le texte de la page 16, puis écoute et répète le dialogue.

2 Repère dans le texte une avenue et un monument très connus.

Communiquer

3 Apprenez une partie du dialogue pour la jouer.

4 Regardez les images et complétez oralement les mini-dialogues.

1. — Okapi, … c'est ?
— C'est un … pour les … .

2. — …, … et …, …, monsieur.
— …, mademoiselle.
— … beaucoup.

3. — Des Carambars, … ?
— … des bonbons. C'est … !
— Un …, …, Mathieu.
— Tiens.

5 Jouez les situations suivantes.

1. Nicolas entre au Point Presse. La caissière et Nicolas se saluent. Nicolas demande deux carnets et un cahier. La caissière lui donne. Nicolas la remercie. Ils prennent congé.
2. Nicolas demande le journal Okapi. Pauline demande ce que c'est. Nicolas lui explique.
3. Nicolas montre à Pauline des crayons, des stylos et des gommes. Pauline apprécie les gommes. Elle demande deux gommes à la caissière.
4. Nicolas donne des Carambars à Pauline. Pauline apprécie et remercie Nicolas.

Sons et orthographe

C'est un bonbon ?
Mais non ! C'est un marron.
Il est gelé ?
Mais oui, c'est un marron glacé !

- Écoutez et répétez :
Un croissant, qu'est-ce que c'est ?
Une part de lune pour le déjeuner.

- Écoutez et répétez :
Six, six garçons, six amis.
Dix, dix filles, dix amies.

ANALYSER LA LANGUE

Qu'est-ce que c'est ?

C'est **une** carte postale.

Ce sont **des** cartes postales.

C'est **un** bonbon.

Ce sont **des** bonbons.

❶ Complète avec un article indéfini.
1. C'est ... livre.
2. C'est ... gomme.
3. Ce sont ... livres.
4. Ce sont ... gommes.

Les articles indéfinis
un - des
une - des

C'est **le** livre de Nicolas.

C'est **la** gomme de Nicolas.

Ce sont **les** livres de Nicolas.

Ce sont **les** gommes de Nicolas.

❷ Complète avec un article défini.
1. C'est ... mère de Corinne.
2. C'est ... cahier de Bastien.
3. Ce sont ... bonbons de l'hôtesse.
4. Ce sont ... cartes postales de Pauline.

Les articles définis
le / l' - les
la / l' - les

Nous sommes, vous êtes...

Vous **êtes** français ?

Oui, nous **sommes** de Paris.

Ils **sont** suisses ?

Non, ils **sont** belges.

❸ Complète, comme dans l'exemple.
Vous êtes français ? — Non, nous sommes suisses.
1. Ils sont canadiens ? — Non, ...
2. Vous êtes espagnols ? — Non, ...
3. Elles sont belges ? — Non, ...
4. Vous êtes péruviens ? — Non, ...

Être (suite)
Nous **sommes**
Vous **êtes**
Ils **sont**
Elles **sont**

Qu'est-ce qu'il y a ?

Il y a **un** stylo.
Il y a **une** gomme.
Il y a **des** crayons.

4 Complète.
Qu'est-ce qu'il y a au Point Presse ?
1. ... un livre.
2. ... une carte postale.
3. ... des livres.
4. ... des cartes postales.

5 Complète.
Qu'est-ce que c'est ?
1. ... un journal.
2. ... des bonbons.
3. ... une papeterie.
4. ... des librairies.

6 Complète.
1. Qu'est-ce qu'il y a pour lire ?
— ... des livres et ... journaux.
2. ... pour écrire ?
— ... des stylos et ... crayons.

> Qu'est-ce que c'est ?
> C'est un...
> C'est une...
> Ce sont des ...
>
> Qu'est-ce qu'il y a ?
> Il y a un...
> Il y a une...
> Il y a des...

Un livre ou des livres ?

Je suis gourmand !
Nous sommes gourmands !
Je suis gourmande !
Nous sommes gourmandes !

Observe :
un bonbon — une gomme — des bonbon**s** — des gomme**s**
Quelle lettre on ajoute pour former le pluriel ?

7 Écris le pluriel, comme dans l'exemple.
　　　un livre —> des livres
1. Un cahier —> ...
2. Une carte postale —> ...
3. Une hôtesse —> ...
4. Un stylo —> ...

Au Point Presse

METTRE EN PRATIQUE

1 Complète librement les bulles.

Okapi, qu'est-ce que c'est ?

C'est un ... .

Des Carambars, ... ?

... .

2 Tu dis le nom d'un objet à un camarade. Il dit le nombre, comme dans l'exemple.
A : Cartes postales ?
B : Trois !

3 Il y a ...

1. Jouez à quatre, comme dans l'exemple.
Élève 1 : Au Point Presse, il y a des cartes postales.
Élève 2 : Il y a des cartes postales et des livres.
Élève 3 : Il y a des cartes postales, des livres et ... .
Élève 4 : ... .

2. Recommencez le jeu. Dans la classe, il y a... .

Au Point Presse — Unité 2

COMPRENDRE et écrire

1 Deux correspondants s'écrivent. Complète les cartes postales.

… !
Je m'… Maria.
Je suis ta … .
… … de Madrid.
Qu'est-ce qu'… y … à Paris ? J'♥ Paris.
… bientôt,
Maria

Bonjour de … !
… pour ta carte.
Elle … jolie !
À Paris, … … a … tour Eiffel et … Champs-Élysées.
J' ♥ l'Espagne. Dans la classe, … y … une … .
… est de Barcelone. Elle … marrante.
Salut !
François

Le Parlement européen des jeunes

2 Complète la présentation.

Le Parlement européen des jeunes a lieu comme tous les ans à Strasbourg. Les représentants des 15 pays…

« Nous … … jeunes Européens de … nationalités différentes. … … français, de … . James … de Londres. Janine … de Bruxelles. Elle est … . Volker … … Berlin. Dimitri et Yannis sont d'Athènes. … … grecs. Piero est de Florence. … … italien. Maria et Isabel … de Barcelone. Elles sont … . Et vous ? Vous … … ? »

Ma documentation

Le français dans le monde

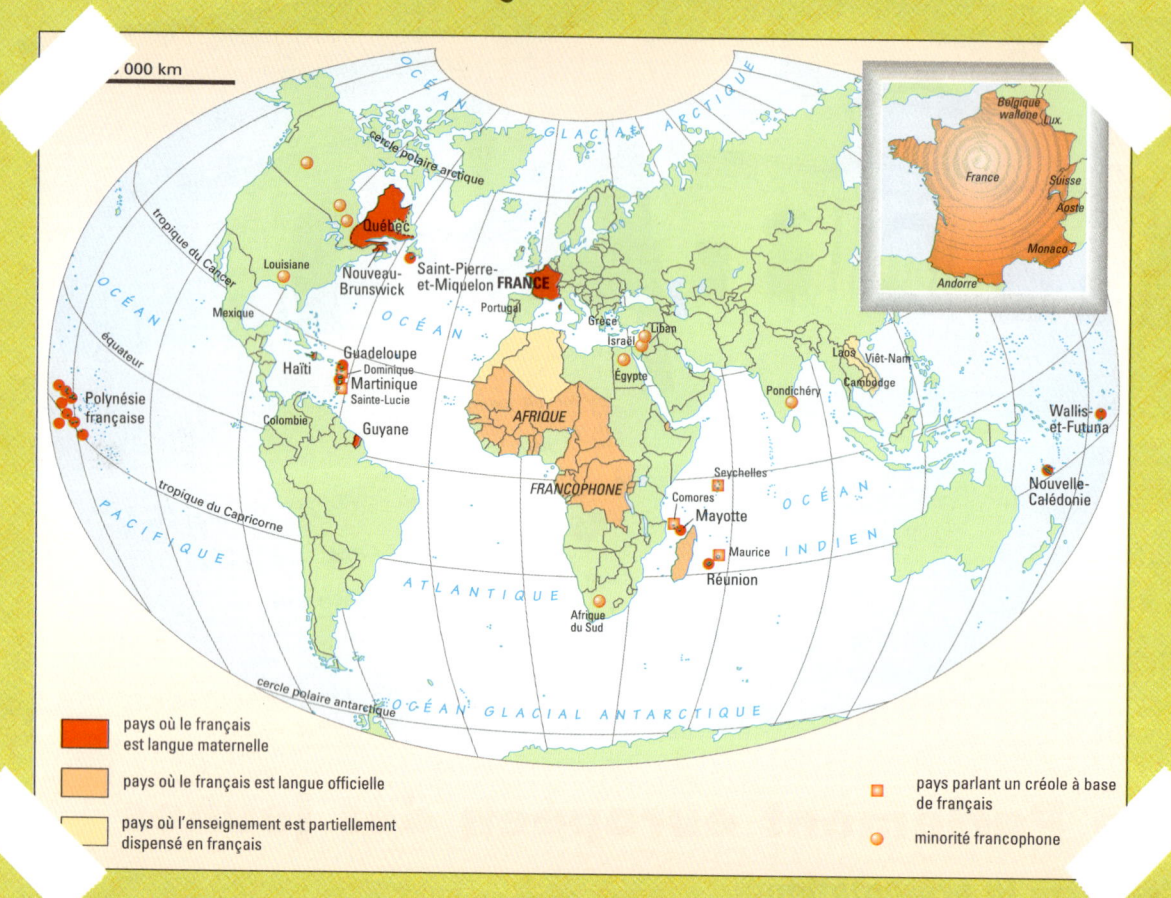

- pays où le français est langue maternelle
- pays où le français est langue officielle
- pays où l'enseignement est partiellement dispensé en français
- pays parlant un créole à base de français
- minorité francophone

La Réunion

La Martinique

La Guadeloupe

📻 Radio-copains

Note les prénoms des jeunes qui se présentent.
Trouve leur pays sur la carte. Présente les jeunes un par un, en indiquant leur nationalité :
Il / Elle s'appelle... . Il / Elle est... .

mes pense-bêtes

Rappel : Qui dit quoi à qui ?

> Bonjour, madame. Bonjour, monsieur. Bonjour, mademoiselle.

> Salut, tu vas bien ?

> Bonjour, madame. Vous allez bien ?

> Bonjour, vous allez bien ?

L'alphabet et les prénoms

A comme Anne et André
B comme Béatrice et Bastien
C comme Claire et Christian
D comme Denise et Daniel
E comme Élisabeth et Éric
F comme Françoise et Florian
G comme Gabrielle et Gabriel
H comme Hélène et Henri
I comme Irène et Ignace
J comme Julie et Jacques
K comme Karine et Karl
L comme Louise et Laurent
M comme Marie et Martin

N comme Nathalie et Nicolas
O comme Odile et Oscar
P comme Pauline et Pierre
Q comme Quentin
R comme Rosalie et Robert
S comme Sylvie et Simon
T comme Thérèse et Thomas
U comme Ursula et Ugolin
V comme Valérie et Victor
W comme Walter
X comme Xavière et Xavier
Y comme Yvette et Yves
Z comme Zoé

mes projets

Au choix :

1) Formez quatre groupes. Vous avez dix minutes pour écrire l'alphabet et attribuer à chaque lettre un prénom typique de votre pays. Le groupe qui aura le plus de prénoms qui ne sont pas identiques à ceux des autres groupes sera le gagnant.

2) Formez deux groupes. À l'aide d'une carte, préparez la présentation de votre pays, ainsi que celle des autres pays où l'on parle votre langue. Pour départager les gagnants, chaque groupe choisit de réciter un poème ou de chanter une chanson, d'abord dans sa langue, puis en français. Tout le monde vote en secret.

23

UNITÉ 3 — Sur la pl...

Que dit-on pour...

... dire l'âge

— Tu as quel âge, Marie ?
— Onze ans. Et toi ?
— Moi, j'ai douze ans.

— Vous avez quel âge, mademoiselle ?
— Vingt ans.

... confirmer

— Ma sœur a douze ans, et Caroline ?
— Elle aussi.

— Moi, j'ai onze ans.
— Moi aussi.

— Tu as quel âge ?
— J'ai douze ans.

— J'habite au sud du parc.

Avant d'écouter

1 Observe les images et complète avec la bonne réponse.

1. Pauline et Nicolas sont…
   à la papeterie ● à la plage ● à la montagne
2. La maison de Pauline est…
   à Paris ● à Montréal ● sur la plage
3. Il fait…
   froid ● chaud
4. Il fait…
   jour ● nuit
5. Pauline et Nicolas sont…
   à la maison ● à l'école ● en vacances

24

age

UNITÉ 3

Écouter et comprendre

Il est quelle heure ?
Il est quatre heures.

Il y a une buvette, là-bas. On y va ?
Super !

2 Écoute et dis quel âge ont les personnages.
1. Nicolas a … ans.
2. Pauline a … ans.
3. Les frères de Pauline ont … et … ans.

3 Écoute encore et réponds aux questions.
1. Où habite Pauline ?
2. Où Pauline va en vacances ?
3. Il est quelle heure ?
4. Qui a chaud et soif ?

Que dit-on pour…

… indiquer un lieu

Tu habites en France ?
Oui, à Paris, à deux pas de la Tour Eiffel. Et toi, où tu habites ?
Près d'ici.

Où tu vas en vacances ?
Sur la côte Atlantique.

On y va ?
Où ?
À la plage.

25

UNITÉ 3 – Sur la plage

Pauline : Dis, Nicolas, tu as quel âge exactement ?
Nicolas : J'ai douze ans… trois mois et… vingt-trois jours. Et toi ?
Pauline : Moi, j'ai onze ans, trois mois et vingt-trois jours. C'est drôle ! Mon frère Antoine a sept ans et Louis a quatorze ans. Aujourd'hui, c'est son anniversaire.
Nicolas : Vous habitez où, à Montréal ?
Pauline : Regarde…. Là, c'est le centre ; à l'ouest, il y a un parc et nous habitons au sud du parc.
Nicolas : Et tu vas où en vacances ? À la montagne ? À la mer ?
Pauline : Non, je vais à la campagne, au nord de Montréal.
Nicolas : C'est bien ?
Pauline : Oui, c'est très sympa, il y a un lac dans une grande forêt, avec des animaux.

....

Pauline : Il fait chaud, ici. Il est quelle heure ?
Nicolas : Il est quatre heures. Tu as soif ?
Pauline : Ah oui, j'ai très soif !
Nicolas : Il y a une buvette, là-bas. On y va ?
Pauline : Super !

Mots

• La nature

un cheval   un arbre   la mer   un oiseau   la montagne
la forêt
la campagne   une fleur   la plage   un lac

• Les nombres de 11 à 60

11 onze	14 quatorze	17 dix-sept	20 vingt	30 trente …	53 cinquante-trois …
12 douze	15 quinze	18 dix-huit	21 vingt et un	40 quarante …	58 cinquante-huit …
13 treize	16 seize	19 dix-neuf	22 vingt-deux …	50 cinquante …	60 soixante

Travailler sur le dialogue

1 Écoute et lis le dialogue, puis réponds aux questions.
1. Quel âge a Pauline ?
2. Quel âge a Nicolas ?
3. Quel âge ont les frères de Pauline ?
4. Où habite Pauline à Montréal ?
5. Il y a un restaurant sur la plage ?

2 Chasse l'intrus.
le parc ● la mer ● la montagne ● la campagne ● la buvette ● la forêt ● le lac

Communiquer

3 Complétez oralement le dialogue.
— Salut, Michel ! — …, Antoine. … ?
— … va. Michel, quelle … il est ? — Il … quatre … .
— J'… très soif ! — … aussi.
— Il y a …, là-bas. … y va ? — Oh, oui !

4 Choisissez une situation, puis jouez-la devant la classe.
1. Nicolas rencontre Amélie. Ils se saluent, se présentent et se demandent leur âge. Amélie demande l'âge de la sœur de Nicolas.
2. Pauline et son frère, Louis, sont dans un parc. Louis demande l'heure à Pauline. Elle répond et dit qu'elle a soif. Son frère aussi. Il indique une buvette près du lac.
3. Luc et la maman de Nicolas se rencontrent. Ils se saluent. Luc demande l'heure. Ils se demandent où ils vont en vacances.
4. Fabienne et Olivier se saluent, se présentent, se disent leur âge et indiquent où ils habitent (pays, ville, quartier).

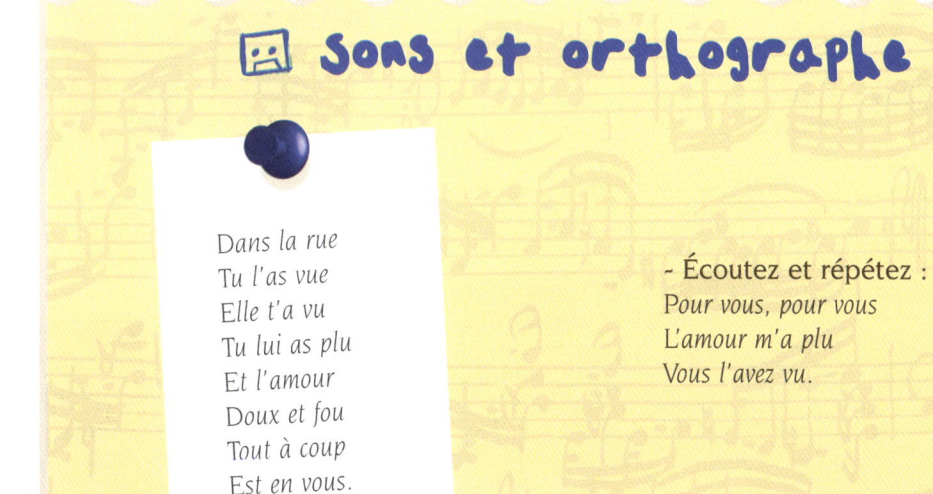

Sons et orthographe

Dans la rue
Tu l'as vue
Elle t'a vu
Tu lui as plu
Et l'amour
Doux et fou
Tout à coup
Est en vous.

- Écoutez et répétez :
Pour vous, pour vous
L'amour m'a plu
Vous l'avez vu.

UNITÉ 3

Sur la plage

ANALYSER LA LANGUE

Il est quelle heure ?

Il est quatre heures.

Il est onze heures et demie.

Il est cinq heures dix.

Il est trois heures et quart.

Il est midi.
Il est minuit.

Il est six heures moins vingt.

1 À toi de dire l'heure.

`06:15` Il est ... .

`16:45` Il est ... .

`17:20` Il est ... .

`22:30` Il est ... .

`03:08` Il est ... .

`23:56` Il est ... .

Moi, j'ai...

J'ai froid.

Nous **avons** soif et vous **avez** faim.

Elle **a** froid et il **a** chaud.

Ils **ont** faim et elles **ont** soif.

2 Complète.

1. Elle ... 13 ans.
2. Ils ... 30 ans.
3. Vous ... un frère.
4. Tu ... quel âge ?
5. Nous ... deux frères.
6. J'... 11 ans.

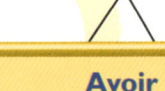

Avoir

J'ai	Nous avons
Tu as	Vous avez
Il / Elle a	Ils / Elles ont

👓 **Observe :**

« **Je** suis français. **J'**ai quinze ans. »
Le pronom « je » s'écrit parfois « j' ». Quand ?

28

J'habite au Canada et je vais à Paris

Tu **habites** au Canada et tu **vas** en vacances à la campagne.

Moi, j'**habite** à Paris et je **vais** en vacances à la plage.

Elle **habite** à Montréal. Elle **va** à la campagne.

Il **habite** à Paris. Il **va** à la plage.

Aller
Je **vais**
Tu **vas**
Il / Elle **va**

Habiter
J'**habite**
Tu **habites**
Il / Elle **habite**

3 Complète avec le verbe « aller ».
1. Tu … à l'école.
2. Non, je … à la maison.
3. Pierre … à la montagne. Et Catherine ?
4. Elle … à la montagne aussi.

4 Complète avec le verbe « habiter ».
1. Il … en Belgique.
2. J'… en Suisse.
3. Pauline … au Canada.
4. Tu … en France.

À Paris ou en France ?

J'habite **à** Paris. Je vais **à** Lyon.
Tu habites **à** la mer. Tu vas **à** la montagne.
Elle habite **au** Canada. Elle va **en** France.
Il habite près de la plage.
Nicolas va **à** la plage. Pauline est sur la plage.

⚠️ **ATTENTION !**
à la - à l'
mais : à + le ⟶ **au**

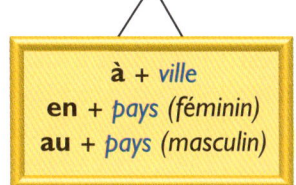

à + *ville*
en + *pays (féminin)*
au + *pays (masculin)*

5 Complète.
1. … Canada, j'ai une amie. Elle habite … Montréal, … d'un parc.
2. Je vais en vacances … la côte atlantique. … la plage, je joue avec mes amis.

6 Complète avec « à » ou avec « a » (la forme du verbe « avoir »).
1. Il va … Bruxelles.
2. Nicolas … douze ans.
3. J'habite … Madrid.
4. Pauline … un frère.

⚠️ **ATTENTION !**
Ne confonds pas : **Où** tu habites ? À Paris **ou** à Montréal ?

Sur la plage

METTRE EN PRATIQUE

1 Réponds aux questions, comme dans l'exemple.

> Quel âge a Pauline ?
> Elle a onze ans.

1. Quel âge a Nicolas ?
2. Quel âge ont les frères de Pauline ?
3. Quel âge a ton père ?
4. Quel âge a ta mère ?
5. Quel âge a ton frère ? Et ta sœur ?
6. Quel âge tu as ?

2 Calcule l'âge de ces personnages.

1. 1984
2. 1957
3. 1948
4. 1996
5. 1979
6. 2002

3 Il est quelle heure ? Réponds, comme dans l'exemple.

> À Paris, il est 12h00, mais à Montréal, il est quelle heure ? (- 6)
> Il est six heures.

1. À Paris, il est 1h15, mais à Tokyo, il est quelle heure ? (+ 11) — Il est ... .
2. À Paris, il est 14h40, mais à Ankara, il est quelle heure ? (+ 2) — Il est ... .
3. À Paris, il est 19h00, mais à Mexico, il est quelle heure ? (- 7) — Il est ... .
4. À Paris, il est 13h30, mais à Berlin, il est quelle heure ? (+ 1) — Il est ... .
5. À Paris, il est 12h45, mais à New York, il est quelle heure ? (- 5) — Il est ... .
6. À Paris, il est 21h05, mais à Rio de Janeiro, il est quelle heure ? (- 3) — Il est ... .
7. À Paris, il est 8h10, mais à Oslo, il est quelle heure ? (+ 1) — Il est ... .

4 Fais des phrases, comme dans l'exemple.

> Toulouse / sud de Bordeaux
> J'habite à Toulouse, au sud de Bordeaux.

1. La campagne / nord de Paris
2. Le Canada / ouest de Montréal
3. La France / centre de Strasbourg
4. La montagne / sud de Grenoble
5. L'Espagne / est de Madrid
6. Dijon / nord de Lyon

Sur la plage   Unité 3

COMPRENDRE et écrire

En vacances, allez à Pornic, sur la côte atlantique : il y a la mer, la plage, le soleil.

Allez à Combray, en Normandie : passez vos vacances dans la nature !

Découvrez les Alpes, allez aux Gets : ses montagnes, son lac, ses forêts.

Tu vas où en vacances ? Regarde les prospectus et complète les trois cartes postales.

Pornic, le 10 / 07
Chère Vanessa,
Comment ... ... ? Moi, ... bien.
Je suis avec Nicolas et ... mère. Nous ... en vacances ... ... mer.
Nous ... ... Pornic. ... est ... la côte ..., ... l'... de la France.
La maison ... près ... ... plage.
Il fait ... . C'est ... !
Et toi, tu ... ... en ... ?
Bises,
Anna

Les Gets, le 04 / 08
Cher Éric,
Je ... en ... à la ... . C'est très ... . suis ... une maison près ... ... parc. ... sud ... ... forêt, il ... ... un lac. Et ... ? ... ça ... ?
Tu ... où ... vacances ? ... France ou ... Canada ?
Bises,
Élodie

Combray, le 23 / 07
Cher Olivier,
Bon ! Tu ... 13 ... aujourd'hui ! ... super.
Je ... ... la campagne avec ... père, ... mère et ... deux frères.
C'est très beau. Il y ... ... oiseaux, et ... fleurs. Regarde le ... sur ... carte.
Il ... dans la ferme, ... de ... arbre.
Il est très ... .
... sœur et toi, vous ... où en ... ?
Bises,
Pauline

UNITÉ 4 — On parle

Que dit-on pour...

... indiquer un lieu

— Regarde, il y a une table libre, là-bas.
— Il y a des places, ici aussi.

— Là-bas ! Il y a une petite table près du bar.

— Ton collège est loin d'ici ?
— Non, tout près.

— Un diabolo menthe.
— Un pain au chocolat et un jus d'orange.

Snacks
Sandwichs
Jambon
Fromage
Pâté
Croque-Monsieur
Omelette
Saucisse
Frites
Boissons
Limonade

... demander la classe

— Tu es en quelle classe ?
— En sixième.
— Où ?
— Au collège Arago.

Avant d'écouter

1 Dis tes préférences.
1. Qu'est-ce que tu manges pour le goûter ?
   un croissant, un pain au chocolat, des glaces, … ?
2. Qu'est-ce que tu bois ?
   un verre de lait, une tasse de chocolat, une tasse de thé, un jus de fruits, … ?

2 Trouve les bonnes images.
1. Le jus d'orange de Nicolas.
2. Une petite table libre.
3. Le bar de la buvette.
4. La liste des consommations.

d'école

UNITÉ 4

Écouter et comprendre

3 Écoute et repère des noms de boissons.

4 Écoute encore et réponds aux questions.
1. Que va boire Pauline ?
2. Que va manger Nicolas ?
3. En quelle classe est Nicolas ?
4. Comment s'appelle le collège au Canada ?

5 Qui dit quoi ? Pauline ou Nicolas ?
1. On va là-bas ?
2. J'ai faim !
3. Oh ! zut !
4. Je suis désolé !

Que dit-on pour...

... s'informer

— Un diabolo, qu'est-ce que c'est ?
— C'est une boisson sucrée.

... s'excuser

— Aïe !
— Oh ! pardon.

— Pardon, monsieur, la rue de l'Université ?
— C'est par là.

UNITÉ 4 — On parle d'école

Pauline : On va là-bas ? Il y a une petite table libre près du bar !
Nicolas : D'accord. Qu'est-ce qu'on commande à boire ? Un coca, un jus d'orange, une limonade, un diabolo menthe, citron... ?
Pauline : Un diabolo ?
Nicolas : C'est de la limonade avec un sirop à la menthe ou au citron.
Pauline : Euh... un diabolo citron ; non, menthe, s'il te plaît.
Nicolas : Et pour moi, un pain au chocolat et un jus d'orange. J'ai faim !

....

Pauline : Tu vas où, à l'école ?
Nicolas : Au collège Arago. J'entre en quatrième ; et toi, tu es en quelle classe ?
Pauline : Moi, j'entre en secondaire 1.
Nicolas : Qu'est-ce que ça veut dire ?
Pauline : C'est comme la cinquième en France. Au Canada, le collège s'appelle l'école secondaire. Hé ! Nicolas, attention à ton jus d'orange ! Oh ! zut ! mon beau maillot !
Nicolas : Pardon, Pauline. Je suis désolé !

Mots

- **Les boissons**

un coca — une limonade — un jus d'orange — un diabolo menthe — une grenadine — un café — un thé — un chocolat chaud

- **Les snacks**

un sandwich — un croque-monsieur — une omelette — des frites — une saucisse

- **Le goûter**

un pain au chocolat — une tarte — un gâteau — un croissant — une glace (vanille, chocolat, fraise)

Travailler sur le dialogue

1 Écoute et répète le dialogue avec la cassette.

2 Apprenez la première partie du dialogue pour la jouer.

Communiquer

3 Complétez oralement les mini-dialogues.
1. — Qu'est-ce qu'on … à boire ? — Un coca et un … d'orange.
2. — … va là-bas ? — Oui, … une petite … libre près … bar.
3. — … ? — Il est en sixième.
4. — Un diabolo, … dire ? — C'est … avec … ou … .
5. — Oh ! zut ! mon … ! — …, Pauline, je suis … !

4 Jouez les situations suivantes.
1. Caroline et Hélène se demandent leur âge, dans quelle classe elles sont et à quel collège elles vont.
2. Pierre indique à Marie une table libre près de la fenêtre. Marie accepte. Pierre et Marie commandent à boire. Marie commande un jus d'orange et Pierre, un coca.
3. Claire et Marc commandent à boire. Claire commande un diabolo menthe. Marc s'informe sur le diabolo. Il commande un diabolo citron.
4. Madame Mallet et sa sœur sont dans un café. Il est 13h00. Elles ont faim. Elles saluent le serveur et commandent à manger et à boire.

Sons et orthographe

Pour toi, elle a chanté ton aimée
Pour toi, elle a dansé ton aimée
Et dans les blés dorés, c'est l'été.

- Écoutez et répétez :
La belle de l'été. - Les blés dorés. - C'est la fête, c'est la fête.

Les manèges tournent
Les têtes tournent
Michèle, ma belle
C'est la fête, c'est la fête.

- Écoutez et écrivez :
belle - tête - fête - manège.
été - blé - doré - aimé.

UNITÉ 4 — On parle d'école

ANALYSER LA LANGUE

Premier, deuxième, troisième...

J'ai onze ans. Je suis en **sixième**.

J'ai douze ans. Je suis en **cinquième**.

J'ai treize ans. Je suis en **quatrième**.

J'ai quatorze ans. Je suis en **troisième**.

1 Complète, comme dans les exemples.

1 - un / une - premier / première
2 - deux - deuxième

3 - ...   5 - ...   7 - ...   9 - ...
4 - ...   6 - ...   8 - ...   10 - ...

On y va ?

Vous **allez** au cinéma ?

Oui, nous **allons** voir Les Visiteurs.

On **va** au cinéma ?

Ils **vont** au cinéma.

2 Complète.

1. Elle ... à la plage.
2. Ils ... à la buvette.
3. Vous ... à Paris.
4. Tu ... au théâtre ?
5. Nous ... au collège.
6. Je ... en France.

Aller (suite)
Nous **allons**
Vous **allez**
Ils / Elles **vont**

⚠ ATTENTION !

On parle français en France. = Les Français parlent français.
On va au cinéma. = Nous allons au cinéma.
Le pronom personnel « on » se conjugue comme « il » ou « elle », mais il veut dire « ils » ou « nous ».

Quel âge... ? Quelle classe... ?

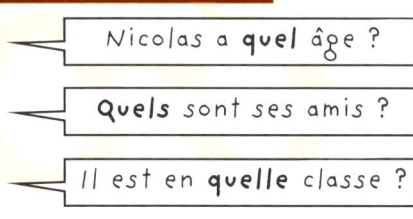

- Nicolas a **quel** âge ?
- **Quels** sont ses amis ?
- Il est en **quelle** classe ?
- **Quelles** sont ses glaces préférées ?

	Masc.	Fém.
sing.	quel	quelle
pl.	quels	quelles

3. À toi maintenant.
1. ... est ton nom ?
2. ... sont les élèves de sixième ?
3. ... sont les amies de ton frère ?
4. ... est ta maison ?

En face du cinéma

J'habite en face **du** cinéma. Je vais souvent **au** cinéma.

Pierre mange un pain **au** chocolat.

Il y a une table libre près **du** bar.

Observe :
« Ils vont **au** cinéma. » — « Ils vont **à la** plage. »
« Il mange un gâteau **au** chocolat. » — « Elle mange une tarte **aux** fruits. »
« Ils sont près **du** cinéma. » — « Ils sont près **de la** plage, en face **des** maisons. »
Qu'est-ce que tu remarques ?

4. Complète.
1. Pauline habite ... Canada, près ... parc.
2. Bruno va ... école et Sandrine ... collège.
3. ... bar ... plage, on commande des glaces ... vanille.
4. La mère ... amis de Nicolas mange ... restaurant.
5. La carte ... restaurant propose des tartes ... fruits, des gâteaux ... chocolat et des salades ... chef.
6. La papeterie ... élèves ... collège est à deux pas ... cinéma.

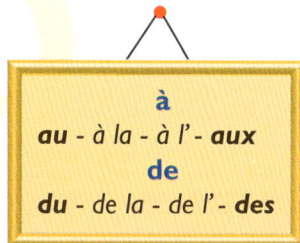

à
au - à la - à l' - aux
de
du - de la - de l' - des

UNITÉ 4 — On parle d'école

METTRE EN PRATIQUE

1. Dis où ils vont, comme dans l'exemple.

1. Je vais au restaurant.
2. Philippe … . 
3. Nous … . 
4. Vous … . 
5. Céline et Amélie … . 
6. On … . 
7. Les jeunes … . 
8. L'hôtesse … . 

2. Aide Nicolas à présenter son collège à Pauline.

le laboratoire →

la salle de dessin →

la salle de musique →

le théâtre →

la bibliothèque →

Dans mon collège, la bibliothèque est au premier étage…

3. Complète les enseignes de la ville, comme dans l'exemple.

Ex. : Le bar de la plage

L'HÔTEL … FORÊT

LE CAFÉ … THÉÂTRE

Le restaurant … bons amis

La boutique … animaux

On parle d'école   Unité 4

COMPRENDRE et écrire

1 Complète la carte du Bar de la Plage, comme dans l'exemple.

Carte du Bar de la Plage

1. *Pain au chocolat*
2.
3.
4.
5.
6.
7.

2 Complète la lettre que Rémi envoie à Béatrice.

Collège : Arago
Rentrée des classes : jeudi 4 septembre
Nom de la classe : 4e 2
Numéro de la classe : salle 204
Nom de l'élève : Rémi Simoni
Nom de deux autres copains de la classe :
Alain Jamet et Chantal Ledoux
Cantine / repas du jour
(jeudi 4 septembre) : salade, saucisses, frites, glace (vanille).

« Le saviez-vous ? »
....
En France, il y a :
6 950 collèges
3 350 000 élèves

Paris, le…
… Béatrice,
… ça va ? Aujourd'hui, … la rentrée des ….
Je … … collège …. C'est …
grand … … est tout … de …
maison. Je … en … avec … amis,
Alain et …. Ils sont en … avec ….
… va … école ensemble. … sympa. …
… … assez bien : aujourd'hui, il y
a de la …, des …, des … et … …
glace à la …. Super ! Notre classe
est …. 204. Et … ? Tu … au
collège ? Il est … de … maison ?
Tu es en … classe ? Tu as … amis
dans ta … ? Tes profs sont … ?
À ….
Grosses …,
Rémi.

ma documentation

La France et ses paysages

radio-copains

On parle de jeunes Français : note leur prénom et la ville où ils habitent. Puis repère et montre leurs villes sur la carte.

Mes pense-bêtes

L'école en France

École primaire (5 ans)
CP (Cours Préparatoire)
CE 1 (Cours Élémentaire)
CE 2
CM 1 (Cours Moyen)
CM 2

Collège (4 ans)
Sixième
Cinquième
Quatrième
Troisième

Lycée (3 ans)
Seconde
Première
Terminale (Baccalauréat)

Les membres du collège
Le principal – Les secrétaires –
Le conseiller d'éducation – Les surveillants –
La documentaliste – Les professeurs – Les élèves

Mes projets

Au choix :
1) Par groupes, préparez un jumelage entre une ville de votre pays et une ville française, en réalisant, à l'aide de belles photos, un dépliant de présentation des deux villes.

2) Par groupes, faites un tableau comparatif de la scolarité de votre pays et de la scolarité en France. Puis indiquez tous les membres de votre collège et de votre classe, avec leurs noms. Vous pouvez trouver des idées pour illustrer vos tableaux. Que le meilleur gagne !

UNITÉ 5 — Vive la

Que dit-on pour...

... exprimer ses goûts

— Tu aimes le rap ?
— Oui, j'adore !
— J'aime bien les chanteurs de rock !
— Moi aussi.

— Tu aimes la musique classique ?
— Moi non, pas tellement.
— Je déteste ça ! J'aime bien la techno, et toi ?

— Tu joues d'un instrument ?
— Oui, de la batterie.

— J'aime bien le rock !
— Moi, j'aime surtout Céline Dion.

Avant d'écouter

① Quel genre de musique tu préfères ?
rock ● classique ● techno ● rap ● jazz ● pop ● reggae

② Choisis la bonne réponse.
1. Où sont Pauline et Nicolas ?
   sur une plage ● à Paris ● près du port
2. Quel instrument de musique tu vois ?
   un piano ● une guitare ● un accordéon ● une batterie

③ Trouve la bonne image.
1. Pauline et Nicolas vont au magasin de disques.
2. Un jeune joue de la guitare.
3. Pauline parle de Céline Dion.
4. Le magasin de disques est sur le port.

musique!

UNITÉ 5

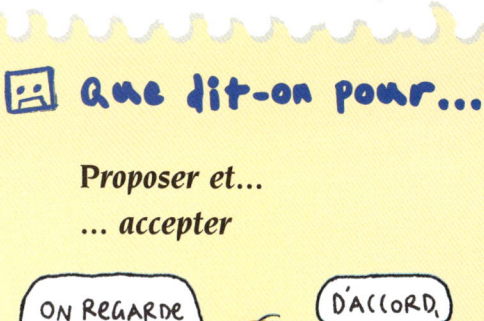

Que dit-on pour...

Proposer et...
... accepter

— ON REGARDE UNE VIDÉO ?
— D'ACCORD.
— SUPER !

... refuser

— ON ÉCOUTE LA RADIO ?
— PAS MAINTENANT.

— TU CHANTES UNE CHANSON ?
— NON, JE N'AIME PAS CHANTER.

(Bande dessinée :)
— Ah, je n'aime pas le rap !
— Tu as tort !
— On va au magasin de disques, maintenant ?
— D'accord !

Écouter et comprendre

4. Écoute et dis si c'est vrai ou faux.
1. Nicolas aime bien Céline Dion.
2. Pauline adore le rap.
3. Nicolas déteste le rock.
4. Pauline ne connaît pas MC Solaar.
5. Le magasin de disques est sur la plage.

5. Réécoute et repère deux instruments de musique.

6. Qui dit quoi ? Pauline ou Nicolas ?
1. Tu aimes Oasis ?
2. Nous allons écouter MC Solaar ?
3. Tu vas voir, c'est super !
4. Tu vas écouter le dernier CD de Céline Dion.

43

UNITÉ 5 — Vive la musique !

Pauline : Dis, Nicolas, tu joues d'un instrument ?
Nicolas : Oui, de la batterie. Et toi ?
Pauline : Moi, de la guitare.
Nicolas : On va jouer ensemble après ?
Pauline : Ah, oui !

....

Pauline : Tu aimes Oasis ?
Nicolas : Oasis ? Génial ! J'aime bien le rock, surtout Oasis.
Pauline : Moi aussi, mais j'aime surtout Céline Dion.
Nicolas : Moi non, pas tellement. Je préfère le rap ou la techno.
Pauline : Ah, je n'aime pas le rap ! Je déteste ça !
Nicolas : Tu as tort ! C'est bien, le rap. MC Solaar, tu connais ?
Pauline : Non.

....

Nicolas : On va au magasin de disques, maintenant ? Il est sur le port.
Pauline : D'accord !
Nicolas : Nous allons écouter MC Solaar. Tu vas voir, c'est super !
Pauline : Oui, mais avant, toi, tu vas écouter le dernier CD de Céline Dion.

Mots

- **Les instruments de musique**

  une guitare — un accordéon — une flûte — un violon — un synthétiseur

- **Les appareils**

  une chaîne hi-fi — un baladeur — un lecteur de CD — une radio

- **Les enregistrements**

  un CD — une cassette — un disque — une vidéo

Travailler sur le dialogue

1 Écoute et répète le dialogue avec la cassette.

2 Écoute encore le dialogue et...
1. complète les bulles ;

   J'aime le rap.

2. trouve trois expressions de temps ;
3. complète les mini-dialogues :
— Tu joues d'un instrument, Nicolas ? — ... .
— On va écouter MC Solaar, maintenant ? — ... .

Communiquer

3 Complétez les dialogues et jouez les situations.
1. — ... ensemble, après ? — D'accord.
2. — ... de la guitare ? — Oh non, ...
3. — ... écoute la radio ? — Pas ... .
4. — On chante après ? — Oui, ...

4 Jouez les situations suivantes.
1. Deux jeunes parlent de musique. Ils disent leurs préférences.
2. Delphine propose à Marc de faire de la musique avec elle. Marc refuse : il préfère aller au magasin de disques.
3. Un(e) journaliste présente un groupe de rock très célèbre. Chaque membre du groupe dit son nom, son âge et son instrument.

Sons et orthographe

Le bonheur
Je le veux
Dans le cœur
À bas la peur
Heureux
Heureux.

Quels mots se prononcent comme « le » ?
Quel mot se prononce comme « heureux » ?
Quels mots se prononcent comme « peur » ?

- Écoutez :
Les chaussettes de l'archiduchesse sont-elles sèches ou archi-sèches ?
- Écoutez, répétez et écrivez :
le cœur heureux - la duchesse - Elles sont sèches.

UNITÉ 5 — Vive la musique !

ANALYSER LA LANGUE

J'aime...

— Tu aim**es** la musique moderne ?
— Oui, j'aim**e** surtout la musique pop.
— Il aim**e** la musique pop, c'est drôle !
— Mais non, c'est normal ! Ma sœur aussi aim**e** la musique pop.

REPÈRE LES DIFFÉRENTES FORMES D'« AIMER ».

1. Trouve les formes pour « chanter » et « écouter ».
tu … • il … • je … • elle … • on … .

Observe les formes du verbe « préférer » :
je préfère - tu préfères - il / elle / on préfère.
Qu'est-ce que tu remarques ?

> **Les verbes en -er**
> J'aime
> Tu aimes
> Il / Elle / On aime

2. Trouve la bonne forme.

1. Marie (écouter) la radio.
2. Nicolas (danser) avec sa sœur.
3. Il (aimer) la musique pop.
4. Je (chanter) ses chansons.
5. Tu (jouer) de la guitare.
6. Pauline (enregistrer) le concert.

Je n'aime pas...

Bonjour, je m'appelle Viviane et j'habite à Paris. J'ai 12 ans. Je suis en sixième. J'aime le sport et la musique, mais je **n'**aime **pas** les westerns.

Bonjour, je m'appelle Philippe. Moi, je **n'**habite **pas** à Paris, mais à Versailles. J'ai 13 ans. Je **ne** suis **pas** en sixième, mais en cinquième. J'aime la télé et je **n'**aime **pas** le sport.

Observe :
« Je suis en sixième. » — « Je **ne** suis **pas** en sixième. »
Quels éléments s'ajoutent dans la phrase négative ?

⚠️ **ATTENTION !**
ne → n'
devant : a, e, i… h

> **La négation**
> sujet + **ne** + verbe + **pas**
> ―――――
> Pauline **n'**aime **pas** le rap.

3 Observe l'exemple et continue.
   J'aime les livres. — Je n'aime pas les bonbons !
les westerns ● la publicité ● les glaces ● les livres ● les vidéos ● l'histoire ● les tartes
● la musique classique ● le rock ● les films comiques ● les bonbons ● le chocolat

4 Dis le contraire.
1. J'aime le rock.
2. Tu aimes le jazz.
3. Il aime la musique classique.
4. Elle aime la musique moderne.

5 Fais-les parler.

Maintenant, avant, après

6 Mets les mots « maintenant », « avant » et « après » dans l'ordre chronologique.

7 Fais correspondre.
maintenant ●   ● hier
après ●   ● demain
avant ●   ● aujourd'hui

8 Aujourd'hui ou demain ?
1. Nicolas écoute un disque de rock.
2. Je vais danser avec mes copains.
3. Tu vas acheter des CD.
4. Pauline joue avec son cousin.

Le futur proche
Je **vais**
Tu **vas** + verbe (inf.)
Il **va**
―――――
Tu **vas écouter** un CD.

UNITÉ 5 — Vive la musique !

METTRE EN PRATIQUE

1 Regarde les images pour compléter les questions, puis réponds négativement, comme dans l'exemple.

> Tu aimes les disques de musique classique ?
> — Non, je n'aime pas la musique classique. / Je n'aime pas ça. / Je déteste ça.

1. Tu aimes écouter la … ? — Non, … .
2. Elle aime la … aux pommes ? — Non, … .
3. Il aime jouer de la … ? — Non, … .
4. Elle aime les … ? — Non, … .
5. Vous aimez l'… ? — Non, … .

2 Réponds affirmativement (+) ou négativement (−), comme dans l'exemple.

> Paul aime aller à la plage ? (+)
> — Oui, il aime aller à la plage. Il adore la mer !

1. Elle chante bien ? (−) — …, elle déteste chanter.
2. Elle est française ? (−) — …, elle est canadienne.
3. Nicolas joue de la batterie ? (+) — … .
4. Ils vont en vacances à la montagne ? (+) — … .
5. Elle va au concert de rock ? (−) — … la musique moderne.

3 Dis si les phrases sont au présent ou au futur proche.

1. Elle va jouer de la guitare.
2. Tu aimes le rock ?
3. On va à la maison ?
4. Je préfère regarder la télé.
5. Tu vas voir, c'est super !
6. On ne va pas danser.

4 Réponds librement aux questions.

> Nathalie préfère jouer de la guitare ou du piano ?
> — Elle préfère jouer de la guitare. Elle déteste le piano !
> (ou : Elle adore la guitare ! / Elle a une guitare. / …)

1. Tu préfères chanter ou écouter la radio ?
2. Il préfère aller en vacances en Grèce ou en Espagne ?
3. François préfère la glace au citron ou à la vanille ?
4. Patrick préfère les fraises ou les abricots ?

5 Réponds à l'aide des expressions que tu connais.

1. On chante ensemble ?
2. On joue du piano maintenant ?
3. On écoute de la musique rock ?
4. On commande des glaces ?

Vive la musique — Unité 5

COMPRENDRE et écrire

Fête de la Musique - 21 juin

Paris XXe
Place Maurice Chevalier
19-22 heures
Ménestrel
techno

Paris Ve
Place de la Sorbonne
17-23 heures
TOTALLY HANK
groupe de rock

Paris Ier
Cour du Louvre
18 heures
Bach, Mozart
chorale, orgue

Paris XIXe
Parc de la Villette
20 heures
Positive Black Soul
groupe de rap africain

1 Regarde les affiches des concerts pour la Fête de la Musique.
Choisis un ou deux concerts que tu aimes, puis invite un copain en lui proposant un ou deux groupes. N'oublie pas d'indiquer le lieu et l'heure !

2 Prépare une lettre que tu vas envoyer à un ami pour l'inviter à un concert de la Fête de la Musique.
Salut, Pierre ! …

3 Complète la lettre de Juliette à sa copine Sophie.

… Sophie,
… … bien ? Tu aimes … … ? Moi, … ça. Je préfère … … moderne, j'adore la techno et les vidéos. Ma copine Aline et moi, aujourd'hui, on … … magasin de … . On … écouter les … de Daft Punk, un groupe français de techno. Moi, … bien le rock, mais Aline … ça. Et toi, qu'est-ce que tu … ? Tu … la musique moderne ou … ?
… …,
Juliette

« Le saviez-vous ? »
En France, on vend chaque jour :
350 000 CD
24 accordéons
34 batteries
47 pianos
1 021 guitares

UNITÉ 6 — Fous de...

Que dit-on pour...

...indiquer la position

- MADAME, OÙ VOUS ÊTES ?
- JE SUIS RUE BALZAC.

- OÙ TU ES ?
- JE SUIS LÀ, AVEC MES PARENTS.

...exprimer des préférences

- QUELLE EST TON ÉQUIPE PRÉFÉRÉE ?
- LE PARIS-SAINT-GERMAIN.

- VOUS PRÉFÉREZ QUEL SPORT ?
- LE SKI.

Mathieu est là ! Il joue au foot avec ses copains.

Tu aimes le foot, Pauline ?
Pas vraiment, je préfère nager.

Avant d'écouter

❶ Parle des personnages.
1. Présente Pauline, Nicolas et madame Mallet.
2. Quel est le personnage que tu ne connais pas encore ? Tu sais comment il s'appelle ?
3. Tu crois que c'est un copain de Nicolas ? Pourquoi ?

❷ Où se trouvent les personnages ?
Pauline, Nicolas, Mathieu et madame Mallet se trouvent...
- sur un terrain de foot ● sur la plage
- ● à bord d'un bateau

❸ Observe les images et réponds.
1. Pourquoi madame Mallet part avec Pauline ?
2. D'après toi, qu'est-ce qui va arriver à Pauline ?

foot

UNITÉ 6

> Nicolas est fou de foot. Il joue tous les samedis. Viens, Pauline ! On va faire du bateau.

> Ne reste pas debout, s'il te plaît.
> J'adore la mer !
> Pauline ! Attention !

Écouter et comprendre

4 Choisis la bonne réponse.
1. Mathieu et ses copains…
   jouent aux cartes ● nagent ● jouent au foot
2. Pauline préfère…
   le foot ● la natation ● le ski
3. Nicolas joue au foot…
   une fois par semaine ● une fois par mois ● une fois par jour
4. Pauline et madame Mallet vont…
   faire du bateau ● faire la cuisine ● faire une sieste

5 Écoute encore et réponds aux questions.
1. Pourquoi madame Mallet est inquiète ?
2. Qu'est-ce qu'on entend à la fin du dialogue ?
3. Pourquoi est-ce que Pauline tombe à l'eau ?
4. Comment elle trouve l'eau ?

Que dit-on pour…

… indiquer la fréquence

> Monsieur, vous allez souvent au stade ?
> Presque toujours, le dimanche.

> Tu joues aussi au basket ?
> Non, rarement.

> Vous jouez souvent au foot ?
> Oui, toujours le mercredi après-midi.

51

UNITÉ 6 — Fous de foot

Nicolas : Tiens ! Mathieu est là ! Il joue au foot avec ses copains. Salut, Mathieu ! Je te présente Pauline, mon amie canadienne.
Mathieu : Bonjour, Pauline. Vous jouez avec nous ? Tu aimes le foot, Pauline ?
Pauline : Euh... pas vraiment. Je préfère nager.
La mère : Nicolas est fou de foot. À Paris, il joue tous les samedis. Viens avec moi, Pauline. On nage ensemble et après, on va faire du bateau, d'accord ?
Pauline : Ah oui, j'aime beaucoup le bateau !
La mère : Tu fais souvent de la voile, au Canada ?
Pauline : Oui, en été, avec nos voisins et leurs enfants.

....

La mère : Pauline, vite, monte dans le bateau !
Pauline : J'arrive ! ... Voilà ! On va où ?
La mère : Nous allons là-bas, derrière le phare. Ne reste pas debout, s'il te plaît.
Pauline : Oh ! les vagues ! J'adore la mer !
La mère : Pauline, attention ! Ne bouge pas comme ça, tu vas tomber à l'eau !
Pauline : Ce n'est pas grave ! Elle est bonne !

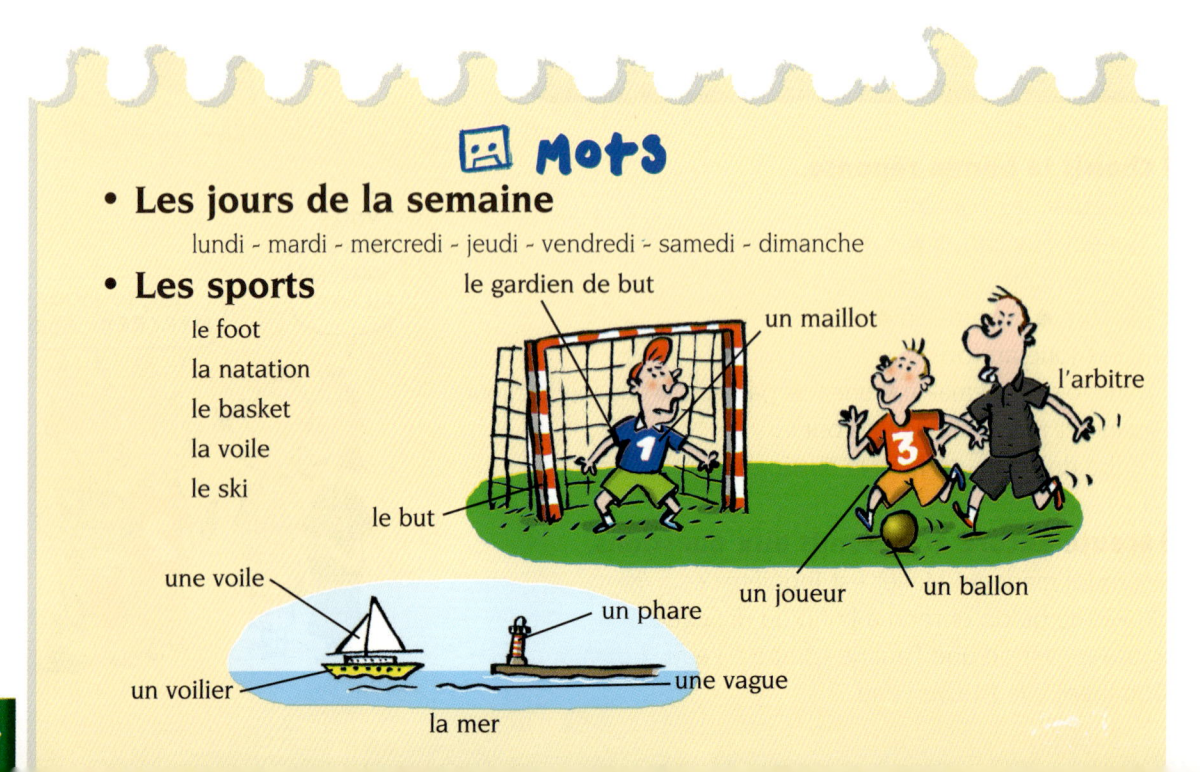

Mots

- **Les jours de la semaine**
  lundi - mardi - mercredi - jeudi - vendredi - samedi - dimanche

- **Les sports**
  le foot
  la natation
  le basket
  la voile
  le ski

  le gardien de but
  un maillot
  l'arbitre
  le but
  un joueur
  un ballon

  une voile
  un voilier
  un phare
  une vague
  la mer

Travailler sur le dialogue

1 Écoute le dialogue, puis, à l'aide du texte, note les expressions qui traitent de sport.

2 À l'aide du dialogue, réponds aux questions.
1. — Pauline aime le foot ? — Non, … .
2. — Nicolas joue souvent au foot ? — Oui, … .
3. — Pauline fait souvent de la voile ? — Oui, … .

Communiquer

3 Complétez les mini-dialogues et jouez-les devant la classe.
1. — Je joue … le samedi, et toi ? — … .
2. — Après, … faire du …, d'accord ? — Ah oui, … le bateau !
3. — Pauline, … dans … ! — J'… !
4. — … sport préféré ? — C'… voile. — Moi, je … pas … !

4 Jouez les situations suivantes.
1. Madame Debelle et monsieur Dufour se rencontrent dans un café. Ils se saluent et commandent à boire. Ils se demandent quelle est leur musique préférée. Monsieur Dufour demande à madame Debelle si elle va souvent au concert. Madame Debelle répond qu'elle ne va pas souvent au concert, mais qu'elle va presque toujours au cinéma le samedi soir.
2. Demandez-vous quelle est votre chanson préférée, votre musique préférée, puis également votre instrument de musique, sport, dessert, boisson, glace préférés.
3. Manon téléphone à Pierre. Ils se saluent. Pierre lui demande où elle est. Manon est dans un café et propose à Pierre de venir. Il est d'accord. Elle indique où est le café.

Sons et orthographe

Je suis le roi et toi tu es ma reine,
Plus de peine car tu sais bien que je t'aime,
Et la paix descend en moi.
Dans l'air il y a de la joie,
Car tu es près de moi à jamais, à jamais.

- Écoutez et répétez :
Qu'est-ce qu'on commande ? -
Une glace au citron et un coca avec des glaçons.

Le roi et la reine. - Tu sais, je t'aime.
Il dit glace. - Il dit citron. - Il dit glaçon. - Il dit coca.

UNITÉ 6 — *Fous de foot*

ANALYSER LA LANGUE

C'est ma copine !

— Nicolas, tu joues avec **ton** copain ?
— Non, je joue avec **ma** copine.
— Au Canada, Pauline joue avec **ses** copains.

(un copain = un ami / une copine = une amie)

Observe :

la copine de Nicolas ―> **sa** copine
l'amie de Nicolas ―> **son** amie
le copain de Pauline ―> **son** copain

les copains de Pauline ―> **ses** copains
les copines de Nicolas ―> **ses** copines

On dit « sa copine », mais « son amie ». Pourquoi ?

> **Les adjectifs possessifs**
> (un seul possesseur)
> mon - ma - mes
> ton - ta - tes
> son - sa - ses

1 Complète.

1. Je joue avec … frères et … sœurs.
2. Tu joues avec … copains et … copines.
3. Elle joue avec … amis et … amies.
4. Il joue avec … frère et … sœur.

— C'est **notre** maison.
— Ce sont **nos** instruments de musique.

M. et Mme Mallet ont une maison. ―> C'est **leur** maison.
Pauline et Nicolas ont des instruments de musique. ―> Ce sont **leurs** instruments.
Sarah a un copain. ―> C'est **son** copain.
Pauline a des copains. ―> Ce sont **ses** copains.
Nicolas a des copines. ―> Ce sont **ses** copines.

2 Réponds, comme dans l'exemple.

Monsieur et madame Mallet, c'est votre maison ? — Oui, c'est notre maison.
Pauline et Nicolas, ce sont vos copains ? — Oui, ce sont nos copains.

1. Ce sont tes professeurs ?
2. Nicolas, ce sont tes parents ?
3. Pauline et Nicolas, c'est votre CD ?
4. Ce sont vos boissons ?
5. Ce sont vos cassettes ?

> **Les adjectifs possessifs**
> (plusieurs possesseurs)
> notre - nos
> votre - vos
> leur - leurs

À quoi vous jouez ?

Vous jou**ez** souvent au basket ? — Oui, nous jou**ons** le samedi.
Tes copains jou**ent** au foot le samedi ? — Non, ils jou**ent** le mercredi.

3 Complète avec les bonnes formes.

1. — Vous ... au tennis ?
— Non, nous ... au ping-pong.

2. — Elles ... au foot ?
— Non, elles ... au basket.

> **Les verbes en -er**
> (suite)
> Je joue
> Tu joues
> Il / Elle / On joue
> Nous jouons
> Vous jouez
> Ils / Elles jouent

Debout ou assis

Est-ce que Philippe est **assis** ?
— Oui, il est **assis**.
Est-ce que Catherine est **debout** ?
— Oui, elle est **debout**.

Est-ce que Martine est **assise** ?
— Oui, elle est **assise**.
Est-ce que ses amis sont **debout** ?
— Oui, ils sont **debout**.

⚠ **ATTENTION !**
On dit : « assis - assise - assises », mais « debout » reste invariable.

4 Réponds, comme dans l'exemple.

   Robert est debout, et Philippe ? — Il est assis.
1. Yves est debout, et Marie ?
2. Marie est assise, et Luc ?
3. Marc est assis, et Monique et son amie ?
4. Paul est debout, et ton copain et toi ?

Viens !

Regarde la photo de mes copains !   Allez au tableau !   Écoutons une chanson de Céline Dion !

👓 **OBSERVE :**
« Tu regardes la télé. » —> « Regarde la télé ! » — « Tu vas au tableau. » —> « Va au tableau ! »
Avec « tu » et les verbes en -er, quelle lettre disparaît à l'impératif ?

5 Donne des ordres.
1. Dis à Nicolas d'entrer en classe.
2. Dis à tes amis d'écouter votre professeur.
3. Dis à Pauline de chanter une chanson.
4. Dis à ta mère de venir.

METTRE EN PRATIQUE

1 Complète les bulles.

Où ... ?
Je suis ... .
Tu ... le ski ?
Oui, j'adore ! Je suis ... de ... .

Vous ... foot ?
Oui, nous aimons ... .
... est ... équipe ... ?
... le Paris-Saint-Germain.

2 Remets les phrases dans l'ordre, comme dans l'exemple.

Nous - joue - elle - avec ⟶ *Elle joue avec nous.*

1. foot - il - de - fou - est - ?
2. à - toujours - vont - la - ils - mer - presque
3. jouons - au - nous - souvent - basket
4. la - et - adore - toi - la - voile - j' - natation
5. au - chaque - jouez - samedi - foot - vous - ?
6. sport - quel - préféré - est - ton - ?

3 Réponds aux questions, comme dans l'exemple.

Où est Mathieu ? (plage - parents) — *Il est sur la plage avec ses parents.*

1. Où sont les jeunes ? (concert - copains)
2. Où sont M. et Mme Bertrand ? (maison - enfants)
3. Ton frère et toi, vous jouez souvent au basket ? (samedi - voisins)
4. Tu vas où en vacances ? (Grèce - parents)
5. Où est Isabelle ? (bateau - copines)
6. Où va Charlotte ? (montagne - amis)

4 Transforme, comme dans l'exemple.

J'entre ? ⟶ (+) — *Oui, entre !*
⟶ (-) — *N'entre pas !*

1. On écoute un CD d'Oasis ? (+)
2. Nous venons ? (-)
3. Je chante une chanson canadienne ? (+)
4. Je reste debout ? (-)
5. Vous montez dans le bateau ? (+)
6. Je regarde par ici ? (+)

Fous de foot — Unité 6

COMPRENDRE et écrire

Programme des sports

Match de foot
lundi 24 septembre
Marseille
Paris-Saint-Germain
Parc des Princes
à 20h30
Prix des places :
36 €, 23 €, 12 €

Championnat de natation
samedi 30 septembre
Montpellier
Bordeaux
Piscine Olympique
du Grand Parc
à 18h00
Prix des places :
12 €, 6 €, 3 €

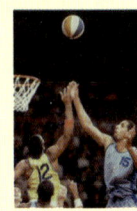

Match de basket
jeudi 28 septembre
Strasbourg
Lille
Palais Omnisports
de Bercy
à 14h00
Prix des places :
12 €, 9 €, 5,50 €

1 Regarde le programme des sports de cette semaine, choisis un match / championnat et invite un copain / une copine à venir avec toi.
Cher / Chère ...

2 C'est la rentrée !
Envoie une lettre / un fax à un copain / une copine et décris ton nouvel emploi du temps.

lundi
école
8h30-15h30
musique
17h00

mardi
école
8h30-15h30

mercredi
école
8h30-11h30
gymnastique
14h30-17h00

jeudi
école
9h30-16h30

vendredi
école
8h30-14h30
ping-pong
avec les amis
17h30

samedi
natation
10h00

dimanche
match de foot
ou de basket
14h00 ou 15h00

57

Ma documentation

Les jeunes Français, la musique et le sport

Où vont les jeunes pour écouter un groupe de musique ou regarder un match ? À Paris, il y a...

pour la musique :

Le Zénith

L'Olympia

pour le sport :

Le Parc des Princes

Le stade Charléty

pour la musique et le sport :

Le Palais Omnisports de Bercy

Le Stade de France
(80 000 places pour les matches, 105 000 places pour les concerts)

Radio-copains

Note les prénoms des jeunes et leurs activités. Puis présente-les un par un :
Il / Elle s'appelle... . Il / Elle joue... . Il / Elle aime / n'aime pas... .

mes pense-bêtes

1) Les mois, les saisons, le temps

mars	juin	septembre	décembre
avril	juillet	octobre	janvier
mai	août	novembre	février

le **printemps**   l'**été**   l'**automne**   l'**hiver**
il fait bon   il fait chaud   il pleut   il fait froid

2) La musique et le sport

Les jeunes Français aiment beaucoup la musique et le sport.

• Un jeune sur deux joue d'un instrument. Ils aiment :
le rap
les variétés
la dance
la techno
la musique classique

• 65,3 % des jeunes pratiquent un sport. Ils aiment :
le football
le basket
la danse
la natation
le tennis
le ski

mes projets

Au choix :
1) Tous ensemble, choisissez un groupe célèbre qui va venir chanter dans votre ville. Puis, par petits groupes, trouvez des photos de la salle de concert, préparez le programme, les affiches et la publicité pour la radio locale.

2) Votre équipe de football va jouer dans votre ville contre une équipe très importante. Formez des petits groupes pour organiser ce match (photos des équipes, noms des joueurs, programme, invitations, publicité dans la presse, à la radio, dans les clubs de sport, les collèges…).

59

UNITÉ 7 — L'album d

Que dit-on pour...

...décrire une personne

— QUI EST LA BLONDE, LÀ-BAS ?
— C'EST CLAIRE. ELLE EST JOLIE !

— PARDON MADAME, MONSIEUR LAFFITE, QUI EST-CE ?
— C'EST LE MONSIEUR, LÀ-BAS, AVEC DES MOUSTACHES.
— IL A L'AIR SÉVÈRE !
— OUI, MAIS IL EST GENTIL.

— La petite brune, c'est toi ?

— Le grand brun, avec des moustaches, c'est ton père ?
— Non, lui, c'est mon oncle.

Avant d'écouter

1 Trouve la bonne image.
1. On voit une photo de famille.
2. On voit la photo d'une jeune fille.
3. Nicolas et Pauline regardent un album de photos.
4. Nicolas cherche une photo de sa sœur.

2 Observe la photo de la famille de Pauline et dis si c'est vrai ou faux.
1. La photo est très récente.
2. Pauline a trois frères.
3. Pauline n'est pas sur la photo.
4. Il y a un bébé sur les genoux du père de Pauline.
5. Il y a deux hommes, l'un est assis, l'autre est debout.

60

les photos

UNITÉ 7

Que dit-on pour...

... donner des appréciations

Écouter et comprendre

3 Écoute et repère.
1. On entend trois prénoms. Lesquels ? Quels sont les prénoms de garçon ? Quel est le prénom de fille ?
2. Note les membres de la famille que tu entends.
3. Pauline a quel âge sur la photo ?
4. Quel jour arrive la sœur de Nicolas ?

4 Qui dit quoi ? Pauline ou Nicolas ?
1. Tu es toute petite !
2. Il est blond et il a les yeux bleus.
3. Mon père est à côté, avec des lunettes.
4. Je cherche une photo de ma sœur.
5. Quels beaux cheveux et quel sourire !
6. Elle est souvent pénible avec moi.

UNITÉ 7 — L'album de photos

Nicolas : Oh ! Elle est drôle, cette photo ! La petite brune assise dans l'herbe, c'est toi ?
Pauline : Oui. Je suis mignonne, hein ?
Nicolas : Oui, mais tu es toute petite !
Pauline : C'est normal, j'ai cinq ans.
Nicolas : Le garçon à côté, qui est-ce ? C'est ton frère ?
Pauline : Oui, c'est Louis. Et le bébé sur les genoux de maman, c'est mon petit frère, Antoine. Lui, il est blond et il a les yeux bleus.
Nicolas : Et le grand brun avec des moustaches, c'est ton père ?
Pauline : Non, lui, c'est mon oncle. Mon père est à côté, avec des lunettes.

....

Pauline : Montre tes photos, maintenant.
Nicolas : Attends, je cherche une photo de ma sœur Céline... Voilà !
Pauline : Quels beaux cheveux et quel sourire ! Elle est vraiment très jolie.
Nicolas : Oui, mais elle est souvent pénible avec moi. Tu vas voir, elle arrive samedi, avec papa.

Mots

• **La famille**

le grand-père - la grand-mère
(les grands-parents)

le père (papa) - la mère (maman)   l'oncle - la tante
(les parents)

le fils - la fille / le frère - la sœur   le cousin - la cousine
(les enfants)   (les cousins)

• **Portraits**

Il est petit et gros. Il n'est pas beau. Il a les cheveux gris, courts et frisés, et les yeux bleus. Il porte une barbe et des lunettes. Il est gentil, timide et très sportif (mais oui !).

Elle est grande, mince et belle. Elle a les cheveux longs et les yeux noirs. Elle est élégante, mais capricieuse et pénible !

Travailler sur le dialogue

1 Écoute et répète le dialogue avec la cassette.

2 Écoute encore le dialogue avec le texte, note les adjectifs qualificatifs, repère les adjectifs de couleur, puis lis à voix haute les adjectifs féminins.

3 Cherche dans le texte les expressions qui décrivent une personne, puis trouve un adjectif synonyme de « jolie ».

Communiquer

4 Jouez les situations suivantes.

1. Un élève demande à Nicolas qui est le professeur de français. Nicolas lui indique que c'est un homme brun, grand, avec des moustaches. L'élève demande s'il s'agit de l'homme situé près de la porte du collège et qui parle à une femme blonde. Nicolas répond que oui et que cet homme est très gentil.

2. Aline montre à Marion la photo d'un groupe de trois chanteurs. Marion demande le nom des chanteurs et leur âge. Aline répond puis décrit les trois chanteurs. Marion et Aline donnent leur appréciation.

5 Regardez l'image et imaginez le dialogue entre les deux filles.

Sons et orthographe

Julie, ma jolie, à quel jeu joues-tu ?
Ton visage changé, ton sourire figé
Julie, ma jolie, notre fragile amour
Partageons-le toujours.

Un chapeau trop petit
Un manteau trop grand
Un fuseau trop vieux
Des chaussures trop jaunes
Pauvre Claude
Il n'est pas beau !

- Observe l'orthographe des mots : *Julie, jolie, jeu, toujours* ; **puis de** : *visage, changé, figé, fragile*. Qu'est-ce que tu remarques à propos de la prononciation des lettres « j » et « g » ?
- Écoute et observe l'orthographe des mots suivants : *gâteau, guitare, guerre, glace, gentil, gracieux*. Dans quel mot la prononciation de « g » est-elle différente ? Pourquoi ?
- Écoute et répète les mots suivants, puis observe l'orthographe : *Claude, trop, jaune, beau*. Qu'est-ce que tu remarques dans la prononciation de ces mots après avoir observé l'orthographe ?

UNITÉ 7 — L'album de photos

ANALYSER LA LANGUE

Belle et gentille

Olivier est un garçon très mignon. Il est gentil, généreux et sportif. Il a un gros chien, avec un long cou.

	Masc.	Fém.
cas général		+ e
sans changement	-e	-e
autres cas	-n	-nne
	-er	-ère
	-if	-ive
	-eux	-euse
cas particuliers	gentil	gentille
	gros	grosse
	vieux	vieille
	beau	belle
	long	longue

Mireille est une fille très mignon**ne**. Elle est gentil**le**, généreu**se** et sporti**ve**. Elle a une gros**se** chienne, avec de très long**ues** oreilles.

Yves est un beau jeune homme. Il est vif. Il a un vieux cartable, mais il est le premier de sa classe.

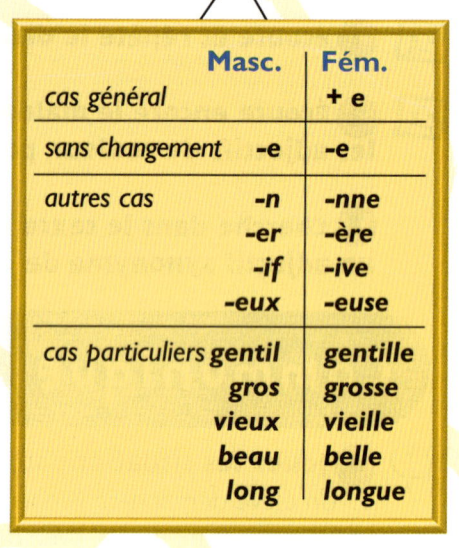

Charlotte est une **belle** jeune fille. Elle est vive. Elle a une vieille voiture, mais elle arrive toujours la premi**ère**.

⚠ ATTENTION !
« Marie est grande » mais « La tour Eiffel est haute » —> grand(e) (pour les personnes)

1. Complète les descriptions avec les adjectifs de ton choix.
1. Rémi a 11 ans. Il est … et … . Il est … et … .
2. Diane a 14 ans. Elle est … et … . Elle est … et … .

Sympathiques et généreux

2. Complète encore.
1. Monsieur et madame Mallet sont … .
2. Nicolas et Pauline sont … .

	Sing.	Pl.
cas général		+ s
sans changement	-s	-s
	-x	-x
autre cas	-eau	-eaux

⚠ ATTENTION !
cheval —> chevaux ; journal —> journaux ; cheveu —> cheveux ; œil —> yeux.

Comme ils sont beaux !

- Quel beau bébé !
- Quelle jolie photo !
- Comme il est affectueux !
- Elle est très mignonne !
- Tu es tout petit !

3 À toi.
1. Propose d'autres phrases exclamatives avec : **quel, quelle, quels, quelles**.
2. Propose d'autres phrases exclamatives avec : **comme**.
3. Propose d'autres phrases exclamatives avec : **très**.

4 Complète.
1. … belle fille !
2. Quels … gâteaux !
3. Quelles … glaces !
4. … équipe sympathique !
5. Quel … panorama !
6. … plages splendides !
7. Quel … cadeau !
8. Quels … souvenirs !

Toi et moi

- C'est **toi**, là ?
- Oui, c'est **moi**.
- Qui est avec **toi** ?
- Mon père. Ma mère est près de **lui**. Et le bébé est avec **elle**.
- La glace au chocolat est pour **lui**, à la vanille, pour **elle**, et à la fraise, pour **moi**.
- Oh, merci !
- Et **moi**, alors ?

⚆⚆ Observe :
« **Je** suis là, près de **lui**. Et **il** est là, près de **moi**. »
« **Je** joue avec **toi** et **tu** joues avec **moi**. »
« **Il** achète un cadeau pour **elle**. Et **elle** achète un cadeau pour **lui**. »
Quels pronoms s'emploient avant le verbe ?
Quels sont les autres pronoms ?
Quelle forme s'emploie dans les deux cas ?

Les pronoms personnels	
	toniques
avant un verbe	après : pour, avec, c'est… (ou seuls)
je	moi
tu	toi
il	lui
elle	elle

5 Complète les réponses.
1. Les bonbons sont pour Sylvie ?
   — Oui, ils sont … .
2. La tarte aux pommes est pour toi ?
   — Oui, elle est … .
3. Pierre, tu regardes le match avec moi ?
   — Oui, … et avec Luc.
4. Tu parles de Paul ?
   — Oui, je parle … .

65

UNITÉ 7

L'album de photos

METTRE EN PRATIQUE

1 Choisis un ami / une amie pour le / la décrire. Ne dis pas son nom. La classe devra deviner qui tu décris.

2 Regarde l'image et...

Anne

Mlle Dusport

Marie   M. Maréchal

1. écoute la description des cinq jeunes, puis identifie-les sur l'image avec un numéro, comme dans l'exemple.
     Nathalie = n° 5

2. lis les phrases suivantes et dis si c'est vrai ou faux, comme dans l'exemple.
     Nathalie a les cheveux courts. = faux
1) Sylvie est toujours contente.
2) François est le frère de Sylvie.
3) Alexandre est gros.
4) Laura est la correspondante de Nathalie.

3. Observe les autres personnages de l'image et décris-les avec au moins deux adjectifs.
1) Mlle Dusport - 2) Anne - 3) Marie - 4) M. Maréchal.

3 Fais des phrases, comme dans l'exemple.
     bébé / petit frère / affectueux
     — Quel beau bébé ! — C'est mon petit frère. — Comme il est affectueux !
1. jeune fille / cousine / jolie
2. garçon / grand frère / fort
3. fille / sœur / mignonne
4. enfants / cousins / sympathiques
5. jeune homme / oncle / amusant

4 Réponds aux questions, comme dans l'exemple.
     — C'est toi sur la photo ? — Oui, c'est moi.
1. C'est ta sœur avec les cheveux blonds ?
2. C'est toi assis dans l'herbe ?
3. C'est ton oncle avec le bébé ?
4. C'est toi avec des lunettes ?
5. C'est Pauline dans le bateau ?
6. C'est Antoine sur les genoux de maman ?

L'album de photos   Unité 7

COMPRENDRE et écrire

Ils sont célèbres !

Mylène Farmer

Passy

Emmanuel Petit

Sophie Marceau

1,70 m
cheveux longs et bruns
yeux marron
elle fait du cinéma
jolie, gentille
affectueuse

1,90 m
cheveux courts, noirs et frisés
yeux noirs
moustaches et barbe courte noires
il chante
sympathique

1,65 m
cheveux longs et roux
yeux marron
elle chante
belle
sympathique

1,85 m
cheveux longs et blonds
yeux bleus
il joue au foot
souriant
sportif

1 Regarde les photos et lis les fiches signalétiques. Fais correspondre les fiches aux photos, puis écris un petit article présentant chaque personnage pour *Le Journal des Jeunes*.

2 Choisis le personnage que tu préfères, puis présente-le dans une lettre que tu envoies à un ami / une amie.

UNITÉ 8 — Chez Pauline e

Que dit-on pour...

... décrire un lieu

— Votre cuisine est petite.
— C'est vrai, trop petite, mais la maison est assez grande.

— Ta chambre est très sympa.
— Merci, tu es gentil.

— Leur salon est trop vaste.
— Je ne trouve pas, il est vraiment joli.

— On est bien dans cette cuisine.
— Oui, j'adore la maison de ma grand-mère !

— Chez nous, à Paris, l'appartement est trop petit. J'ai une chambre minuscule sous les toits.

Avant d'écouter

1 Choisis la bonne réponse.

1. Pauline et Nicolas sont…
   ● dans une salle à manger ● dans une cuisine
   ● dans une chambre
2. Ils jouent…
   ● aux cartes ● aux dés ● aux dominos
3. Chez Pauline, il y a … dans le séjour.
   ● un piano ● une piscine ● une cheminée

2 Trouve la bonne image.

1. On voit les toits de Paris.
2. On voit une cuisinière ancienne.
3. On voit une chambre de jeune fille.
4. On voit le séjour d'un grand appartement.

chez Nicolas

UNITÉ 8

— Et chez vous, c'est comment?
— Très sympa!

— Sur les murs, j'ai des posters de... Devine!
— Céline Dion, bien sûr!

Écouter et comprendre

3 Écoute et repère.
1. Dans une maison, il y a... .
2. Sous la fenêtre de Pauline, il y a... .
3. Sous le lit de Nicolas, il y a... .

4 Écoute encore et dis si c'est vrai ou faux.
1. Nicolas déteste la maison de sa grand-mère.
2. Dans la maison, il y a un balcon avec vue sur la mer.
3. Nicolas et sa sœur ont la même chambre.
4. Chez Pauline, il y a trois chambres.
5. Pauline a un poster de MC Solaar.
6. La chambre de Nicolas est toujours bien rangée.

Que dit-on pour...

... donner des appréciations

— Il y a une terrasse dans l'appartement?
— Oui, c'est un coin très agréable.

— Vous avez un très joli appartement.
— Oui, mais il n'est pas assez clair.

— Le poster va bien ici?
— Non, plutôt près de ton lit.

— Elle est jolie, votre maison!
— Vous trouvez?

69

UNITÉ 8 Chez Pauline et

Pauline : On est bien dans cette cuisine, avec cette grande table en bois !
Nicolas : Oui. J'adore la maison de ma grand-mère ! Surtout les chambres, avec leur balcon donnant sur la mer. Ce n'est pas comme chez nous à Paris ; l'appartement est trop petit. J'ai une chambre minuscule, sous les toits.
Pauline : C'est Paris ! Vous avez une jolie vue et tu as une chambre pour toi tout seul !
Nicolas : Tu as raison !

....

Nicolas : Et chez vous, c'est comment ?
Pauline : À Montréal, les appartements sont assez grands. On a un séjour, avec une cheminée, et trois chambres. J'aime beaucoup ma chambre.
Nicolas : Elle est comment ?
Pauline : Très sympa. Sur les murs, j'ai des posters de... Devine !
Nicolas : Céline Dion, bien sûr !

....

Pauline : Mon coin préféré est sous la fenêtre ; j'ai un aquarium, des plantes et des fleurs. Dans ma chambre, il y a toujours du désordre.
Nicolas : Moi, c'est sous mon lit : mes livres, mes CD, mes vieux jouets, mes peluches...
Pauline : Tu as encore des nounours ?
Nicolas : Très drôle !

Mots

- **Les pièces de la maison**
  l'entrée - le couloir - le séjour (le salon) - la salle à manger - la chambre - la cuisine - la salle de bains - les toilettes

- **Les meubles**

une table  — une chaise  — un bureau

un fauteuil  — un lit  — une lampe  — une armoire

chez Nicolas

Travailler sur le dialogue

1 Écoute le dialogue et repère les mots qui concernent la maison. Puis note ces mots en les classant en deux colonnes :
1ʳᵉ colonne –> l'appartement de Nicolas à Paris ;
2ᵉ colonne –> l'appartement de Pauline à Montréal.

2 Écoute encore le dialogue avec le texte, et dessine l'appartement ou la chambre de Nicolas ou de Pauline.

Communiquer

3 Demande à un(e) ami(e) de te décrire son appartement, à l'aide du dialogue suivant.
— Comment est ton appartement ? — Il est … .
— Comment est la cuisine ? — Elle est … .
— Comment est ta chambre ? — Elle est … .

4 Jouez les situations suivantes.
1. Alice dit à Valérie que sa chambre est vraiment belle. Valérie répond qu'elle est trop petite pour elle et sa sœur.
2. Sébastien dit à Frédéric que ses grands-parents habitent à Lyon, dans un grand appartement situé près de l'université. Frédéric répond que ses grands-parents habitent une petite maison à la campagne, près de Bordeaux, mais, que heureusement, il y a une chambre pour lui. Sébastien demande à Frédéric comment est sa chambre. Frédéric lui dit qu'elle est minuscule, mais très claire.

Sons et orthographe

Sur le pont d'Avignon
On y danse, on y danse
Sur le pont d'Avignon
On y danse tous en rond.

- Écoutez et répétez : *Sur le pont - On danse en rond.*

- Écoutez, répétez et écrivez : *danser - maman - bonbon - mère - père - rond - rêve.*

UNITÉ 8 — Chez Pauline et chez Nicolas

ANALYSER LA LANGUE

Cette cuisine est trop petite !

Ce séjour est vraiment beau !

Mais **cette** chambre est **trop** petite.

Comment est votre maison ?

Elle est **assez** jolie.

J'adore **ce** poster, il est **très** chouette ! Tu me donnes **cet** album ?

Oui, mais **ces** photos sont **trop** vieilles.

👓 Observe :

« un séjour —> **ce** séjour »
« un album —> **cet** album »
« une chambre —> **cette** chambre »
Quand est-ce qu'on emploie « cet » ?

« des séjours —> **ces** séjours »
« des albums —> **ces** albums »
« des chambres —> **ces** chambres »

Les adjectifs démonstratifs
ce / cet
cette
ces

1. Complète.
1. Regarde … pièce. C'est ma chambre.
2. J'aime beaucoup … chambre.
3. Attention ! … ascenseur est en panne.
4. Je vais manger … gâteau et … tartes aux fruits.

REPÈRE LES DIFFÉRENTES FAÇONS DE QUALIFIER « LA MAISON », « LE SÉJOUR », « LE POSTER », « LES PHOTOS ».

2. Complète avec « assez » ou « trop ».
1. Ton copain, il est … grand pour son âge. Ce n'est pas normal.
2. Ton poster est … joli, mais je préfère les posters de sport.
3. Les glaces sont … bonnes, mais pas excellentes.
4. Je n'aime pas le latin. C'est … difficile.

3. Intensifie tes appréciations.
1. Ce … est … beau !
2. Cette … est … vieille !
3. Ces … sont … intéressants !

Où sont mes affaires ?

L'album de photos est **sur** la table, **près de** la fenêtre.
À côté de la lampe, il y a un ballon de football.
Le livre est **derrière** le ballon et la trousse est **sous** la valise.
La radio est **dans** la valise. La valise est **devant** la porte.
Le maillot de foot est **sous** le lit et les chaussures **sur** l'oreiller.
Chez Olivier, quel désordre !

REPÈRE TOUS LES MOTS ET LES EXPRESSIONS DE LOCALISATION.

Complète.

1. Qu'est-ce qu'il y a … ton sac ?
2. Il y a une belle plante … la table.
3. Son bureau est … la fenêtre.
4. Il est debout, … la porte.
5. Ma mère est … la salle de bains.
6. Mon père est … la cuisine.
7. Tes cahiers sont … les livres.
8. … la photo, … ma sœur, c'est mon oncle Antoine, et … lui, c'est sa femme.

UNITÉ 8 — Chez Pauline et chez Nicolas

METTRE EN PRATIQUE

1. Fais des phrases, comme dans l'exemple.

Nicolas / Paris / appartement / petit
—> Nicolas habite un petit appartement à Paris.

1. Chantal / chambre / petite / claire
2. Vincent / frère / chambre / toits
3. M. et Mme Brunel / maison / plage
4. Rémi / Bordeaux / appartement / grand
5. Les cousins de Pauline / maison / vieille / forêt

2. Complète le dialogue.

— J'aime beaucoup … maison ? Et … ?
— … aussi ! On est bien dans … séjour ! … est … clair, avec … fenêtres avec vue sur le parc !
— C'est vrai, mais il est … grand. Moi je préfère … chambre !
— Tu … raison. Elle est … jolie, mais elle est … petite !
— Je ne trouve pas. Regarde … lit, … bureau, … lampe et … posters ! C'est super !

3. Réponds aux questions.

1. Où tu habites ?
2. Tu habites un appartement ou une maison ?
3. À quel étage est ton appartement ?
4. Ton appartement a une terrasse ?
5. Comment est ta chambre ?
6. Elle est pour toi seul ?

4. Regarde l'image et réponds aux questions.

1. Où sont les enfants ?
2. Où est le chat ?
3. Où est le chien ?
4. Où est le père ?
5. Où est la mère ?
6. Où sont les gâteaux ?
7. Où sont les amis ?
8. Où est l'arbre ?

Chez Pauline et chez Nicolas — Unité 8

COMPRENDRE et écrire

Petites annonces

CHALET DE MONTAGNE
à 1 km du village
vaste jardin, arbres
grand balcon
vue magnifique sur montagnes
1er étage : cuisine, salle à manger
grande cheminée
2e étage : salle de bains, 3 chambres.

VIEILLE FERME
au sud du village
sous le château, 2 terrasses
grand jardin, belle vue sur le Rhône
salle à manger, grande cheminée
une grande salle de bains
4 grandes chambres claires.

MAISON MODERNE
à 500 m de la plage
petit jardin fleuri
grande salle à manger
3 chambres : 1 grande, 2 petites
cuisine et salle de bains modernes
très calme.

1 Regarde les photos, puis choisis pour tes vacances la maison que tu préfères.

2 Envoie une lettre à un ami / une amie dans laquelle tu lui décris la maison que tu as choisie. Explique-lui ton choix.

3 Imagine une chambre dans l'une des maisons en t'aidant des descriptions des chambres de Pauline et Nicolas et décris-la.

Ma documentation

Les maisons des quatre coins de France

Lorsqu'on parcourt la France, on est frappé par la variété de ses villes et de ses villages...

Maison basque

Maison bretonne

Immeuble parisien

Immeuble traditionnel à Toulouse

Maison alsacienne, à colombages

Radio-copains

Note le nombre de chambres de l'appartement de Valérie, et le nombre de chambres de la maison de Xavier. Choisis une photo qui pourrait correspondre à la description de leur habitation.

mes pense-bêtes

La famille française

La publicité donne souvent cette image de la famille.

Caractéristiques de la famille française type :
- elle a deux enfants ;
- elle habite une maison individuelle ;
- la mère travaille souvent à l'extérieur.

Selon les sondages, le mari aide souvent la femme à :
- faire la vaisselle ;
- faire la cuisine ;
- faire les courses ;
- mettre le couvert.

mes projets

Au choix :

1) En petits groupes, faites le plan d'une maison de rêve.

2) En petits groupes, faites le plan d'une pièce de la maison, en indiquant l'emplacement de tous les meubles.

La plus jolie maison peut être réalisée en maquette, avec ses pièces. Tout le monde participe à sa construction.

3) En groupes, préparez une exposition sur les différents types de maisons traditionnelles qui existent dans votre pays. Précisez l'architecture, l'époque… .

UNITÉ 9 — Le magasin de

Que dit-on pour...

... montrer quelque chose

— Regarde ce poster !
— Oh, il est beau ! Mais regarde plutôt cet album de photos.

— Viens voir ici, ces casquettes !
— Elles sont très jolies ! J'achète ça pour moi.

... acheter

— Vous désirez ?
— Je voudrais le pull en vitrine, s'il vous plaît.
— Vous voulez le blanc ou le rouge, madame ?
— Le blanc, merci.

— Mademoiselle, un cornet, s'il vous plaît.
— Quels parfums tu veux ?
— Citron-fraise.

— Est-ce que tu veux acheter des cadeaux pour tes frères ?
— Oui, je veux bien.

SOUVENIRS

— Il est beau, ce voilier ! Combien il coûte ?

Avant d'écouter

1 Observe les images et essaie de reconstruire l'histoire

Image 1 :
1. Où se trouvent Pauline et Nicolas ?
2. Où vont-ils entrer ? Pourquoi ?

Image 2 :
3. Que regarde Pauline ?

Image 3 :
4. Que montre Nicolas ?

Image 4 :
5. Est-ce que Pauline a de l'argent dans son porte-monnaie ?

2 Chasse l'intrus.
Dans ce magasin de souvenirs, on peut voir...
des cartes postales ● des posters ● des T-shirts ● des casquettes ● des ballons de foot ● des bateaux ● des voiliers

78

Souvenirs

UNITÉ 9

Achète ce bateau jaune, il coûte cinq euros.

Alors cinq et sept, ça fait douze. J'ai encore sept euros.

Écouter et comprendre

3 Écoute et dis combien coûte...
1. le voilier rouge
2. le bateau jaune
3. le T-shirt noir
4. le T-shirt bleu

4 Écoute encore et réponds aux questions.
1. Combien de dollars a-t-on pour huit euros ?
2. Combien de frères a Pauline ?
3. Qu'est-ce qu'elle veut acheter pour son petit frère ?
4. Qu'est-ce qu'elle achète enfin pour lui ?
Et pour son grand frère ?
5. Qu'est-ce qu'elle achète pour elle ?

Que dit-on pour...

... demander le prix

Il coûte combien, ce foulard ?

8€, Madame...

Ce n'est pas cher !

Cette casquette, elle coûte combien ?

13€

Le jean, c'est combien ?

31€

Trop cher pour moi !

Ce cahier et ce stylo, ça fait combien ?

7€ en tout.

79

UNITÉ 9 — Le magasin de souvenirs

Nicolas : Est-ce que tu veux acheter des cadeaux pour tes frères ?
Pauline : Oui, je veux bien.
Nicolas : Allons au magasin de souvenirs, sur le port !

....

Pauline : Viens voir, Nicolas. Il est beau, ce voilier rouge !
Nicolas : Super ! C'est pour ton petit frère ?
Pauline : Oui. Combien il coûte ?
Nicolas : Huit euros... ça fait dix dollars.
Pauline : C'est un peu cher et j'ai deux frères !
Nicolas : Alors, achète le bateau jaune. Il coûte cinq euros.
Pauline : D'accord. Pour mon grand frère, maintenant... je ne sais pas...
Nicolas : Qu'est-ce que tu veux ? Un poster ? Un T-shirt ?
Pauline : Un T-shirt. Regarde ce T-shirt de Lannion, avec des dessins de poissons et de bateaux ! Il va aimer le noir !
Nicolas : Il coûte sept euros. Ce n'est pas cher ! Et pour toi ?
Pauline : Alors, cinq et sept, ça fait douze. J'ai encore sept euros.
Nicolas : Achète le T-shirt bleu, avec le port de Lannion.
Pauline : Ah oui, je l'aime beaucoup !

Mots

• Les vêtements

un T-shirt, un polo, une chemise, un sweat-shirt, un pull,
une jupe, une robe, un jean, un pantalon, un caleçon,
un short, un maillot de bain,
un blouson, une veste, un manteau,
des chaussures, des chaussettes, des tennis, des baskets, des pantoufles,
des sous-vêtements : un slip, un collant, une culotte, un soutien-gorge,
une chemise de nuit, un pyjama,

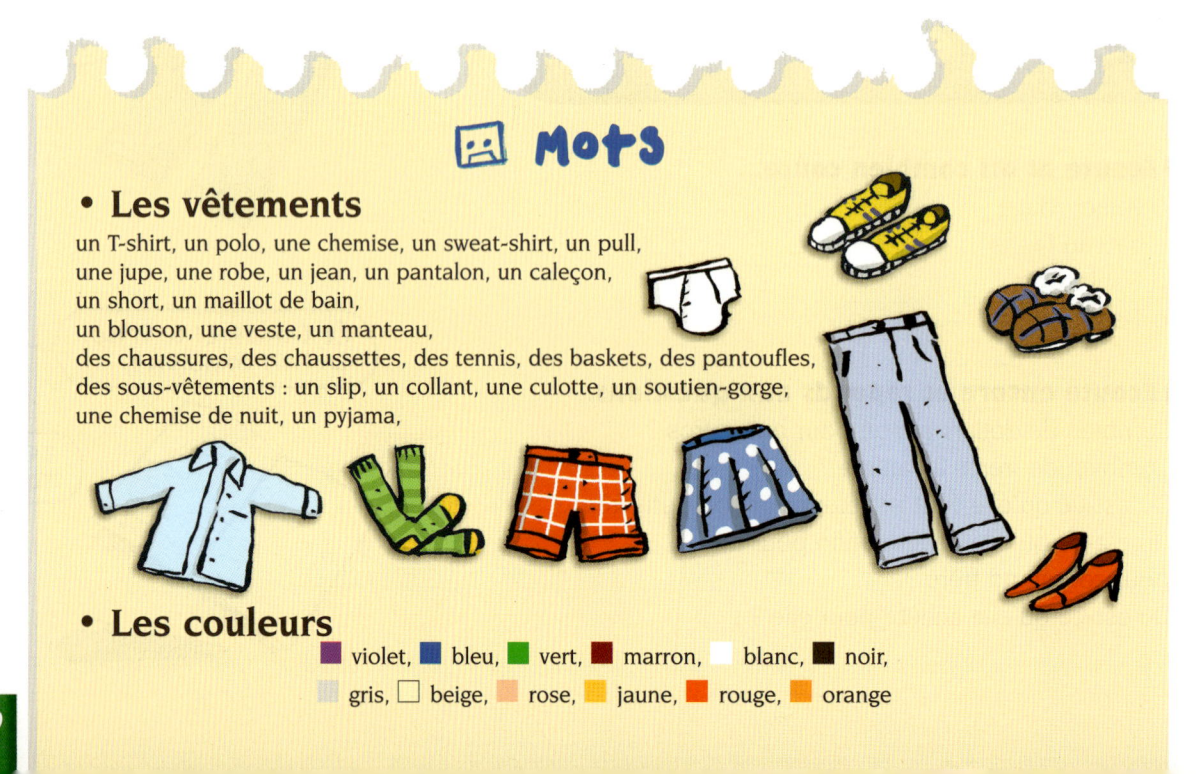

• Les couleurs

violet, bleu, vert, marron, blanc, noir,
gris, beige, rose, jaune, rouge, orange

Travailler sur le dialogue

1 Écoute le dialogue et note la couleur des objets.

2 Réponds aux questions.
1. Où est le magasin de souvenirs ?
2. Qu'est-ce que Pauline achète : pour son grand frère ? pour son petit frère ? pour elle ?

Communiquer

3 Jouez les situations suivantes.
1. Un client veut acheter un T-shirt. Le vendeur lui demande s'il préfère le bleu ou le noir. Le client choisit la couleur et demande le prix. Le vendeur répond.
2. Mathilde demande à une vendeuse le prix d'un poster. C'est un cadeau pour un copain. Il coûte 10 euros. Mathilde l'achète.
3. Sophie demande à une vendeuse combien coûtent les casquettes. La vendeuse lui demande quelle casquette elle veut. Sophie veut la casquette rouge et blanche. Elle demande le prix. La vendeuse lui répond (15 euros). Sophie ne l'achète pas. C'est trop cher pour elle.

4 Regardez les objets et leur prix. Qu'est-ce que vous voulez acheter ? Jouez la situation. Un élève est le vendeur, un autre élève est le client.

Sons et orthographe

Sur les chemins et sous les pins
dans l'air marin jouent cinq gamins
un blond, un roux et puis trois bruns
Quel tintamarre ! Oh les coquins !

Main dans la main, peintres et musiciens
Changez le monde ; il en a besoin.

Défense de marcher sur les pelouses
De zigzaguer au milieu des voitures
Défense de faire des bêtises
Je rêve d'une fusée vers la liberté.

– Écoutez et écrivez : *chemin - pin - main - musicien - brun - vin.*

ANALYSER LA LANGUE

Bleu, blanc, rouge

Mon père a une Renault-Espace **blanche**.

Et mon père une Peugeot 306 **grise**.

Quelle Twingo tu préfères ?
La **jaune**, l'**orange**, ou la **violette** ?
La **jaune** !

Observe :
« une voiture… blanche / grise / orange / jaune / violette »
D'après toi, ces adjectifs désignant des couleurs sont au masculin ou au féminin ?
Au singulier ou au pluriel ? Pourquoi ?

⚠ Attention !
« marron » et « orange » sont invariables, au féminin et au pluriel.

1 Donne la couleur, comme dans l'exemple.

un maillot violet —> une voiture violette

1. une voiture rouge —> un maillot … .
2. un ballon blanc —> une balle … .
3. des cahiers gris —> des jupes … .
4. un ciel bleu —> une chambre … .
5. des chaussettes jaunes —> une robe … .
6. une jupe marron —> un pantalon … .
7. des chaussures orange —> un livre … .
8. une maison rose —> des portes … .
9. des yeux bleus —> des robes … .
10. un caleçon violet —> des culottes … .

2 Regarde les dessins et complète.

1. — Mon père a une Citroën … .
— Et mon père, une Renault-Espace … .

2. — Tu préfères la Twingo …, … ou … ?
— Moi, je préfère les voitures …, en général.

Est-ce que ça va ?

Est-ce que ça va ?
Tu achètes un cadeau pour ton frère ?
Oui, bien sûr, ça va très bien.
Est-ce que tu achètes un cadeau pour ton frère, toi ?
Ça va ?
Oui, ça va.

Observe :
« **Est-ce qu'**il fait froid ? »
D'après toi, pourquoi « que » devient « qu' » ?

3. Pose des questions avec « Est-ce que ».
1. Il achète un livre. — … ?
2. Vous parlez français. — … ?
3. Ils vont au stade. — … ?
4. Elles sont sympathiques. — … ?
5. Tu as une voiture rouge. — … ?
6. Elles habitent en France. — … ?

Je veux... j'achète...

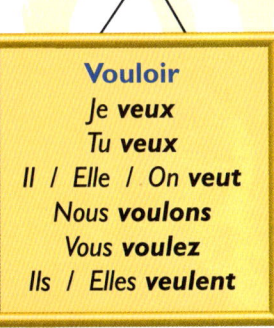

Observe :

Vouloir
Je **veux**
Tu **veux**
Il / Elle / On **veut**
Nous **voulons**
Vous **voulez**
Ils / Elles **veulent**

Acheter
J'**achète**
Tu **achètes**
Il / Elle / On **achète**
Nous **achetons**
Vous **achetez**
Ils / Elles **achètent**

Comme quels verbes se conjugue « acheter » ?

4. Complète avec « acheter » ou « vouloir ».
1. Est-ce que tu … une glace ?
— Oui, merci, je … une glace citron-fraise.
2. Qu'est-ce que tu … pour ta mère ?
— J'… un foulard rouge.
3. Est-ce que vous … regarder la télé ?
— Non, nous … écouter la radio.
4. Qu'est-ce qu'elles … pour leurs amies ?
— Elles … des écharpes.
5. Qu'est-ce que vous … comme boisson ?
— Je … une limonade. — Moi, je … un coca.
6. Est-ce que ton père … une Twingo ?
— Non, il … une Renault-Espace.

UNITÉ 9 — Le magasin de souvenirs

METTRE EN PRATIQUE

1. Regarde les images, puis pose les questions et réponds, comme dans l'exemple.

— Les tennis coûtent combien ? / Elles coûtent combien, les tennis ?
— Elles coûtent 38 €.

- Tennis : 38 €
- Chaussettes : 5 €
- Livre : 9 €
- Manteau : 131 €
- Pantalon : 31 €
- Écharpe : 11 €

2. Mettez des objets sur la table (cahiers, crayons, stylos, gommes, livres, etc.). Un premier élève indique un objet. Un deuxième demande la couleur de l'objet. Un troisième répond.

— Voici un cahier.
— De quelle couleur est ce cahier ?
— Il est vert.

3. Indique la couleur, comme dans l'exemple.

Le café … . —> Le café est noir.

1. Le chocolat … .
2. Les fraises … . 
3. Le citron … . 
4. La craie … . 
5. Les plantes … . 
6. Le ciel … . 
7. Les oranges … . 
8. Le sucre … . 

4. Pose des questions avec « Est-ce que » ou « Qu'est-ce que », comme dans les exemples.

Ils vont au magasin de souvenirs. —> Est-ce qu'ils vont au magasin de souvenirs ?
Elle veut acheter un cadeau. —> Qu'est-ce qu'elle veut acheter ?

1. Oui, ça va bien, merci.
2. Elle préfère le T-shirt noir.
3. Nous voulons acheter une glace au citron.
4. Je veux manger des crêpes.
5. Il y a un bon film à la télé.
6. Nous écoutons un CD de rap.

Le magasin de souvenirs   Unité 9

COMPRENDRE et écrire

Catalogue de vente par correspondance

Regarde les photos des vêtements et leur description.

1. Choisis deux vêtements : un pour en faire cadeau et un autre pour toi.
2. Écris une lettre à un ami / une amie. Décris-lui les deux vêtements que tu choisis. Indique aussi leur prix et donne ton appréciation.

Chemises en coton
rouge/blanc, vert/blanc, bleu/blanc, noir/blanc
24 €

Casquettes
Tour Eiffel, Coupe du Monde, Notre-Dame, Arc de Triomphe
blanc/vert, blanc/bleu, blanc/rouge
10 € l'une, 15 € les deux

Jeans en coton résistant
bleu, rouge, noir, marron
39 €

Chaussures de sport en cuir
noir, marron
35 €

T-shirts en pur coton
bleu, rouge, blanc, jaune, violet, vert, marron, orange, noir
7 € l'un, 13 € les deux

85

UNITÉ 10 — Qu'est-ce qu'on

Que dit-on pour...

... exprimer des besoins

— EST-CE QUE TU AS FAIM ?
— OH, OUI, UNE FAIM DE LOUP, MAIS JE SUIS AU RÉGIME.

— EST-CE QUE VOUS AVEZ SOIF ?
— OUI, UNE SOIF TERRIBLE !

— TU AS ENVIE D'UN COCA ?
— NON, PAS POUR L'INSTANT.

— VOUS AVEZ BESOIN D'EMPORTER DES SANDWICHS ?
— NON, ON VA AU RESTAURANT.

— Est-ce que tu aimes les crêpes ?
— Ah oui, j'adore !

— Il faut de la farine, des œufs, du lait, un peu de sel...

Avant d'écouter

1 Observe les images et complète avec la bonne réponse.

1. Pauline et Nicolas vont faire…
   des sandwichs ● des crêpes ● des gâteaux
2. Nicolas ouvre…
   le placard ● la porte ● le frigidaire
3. Pauline prend des mains de Nicolas…
   une bouteille de lait ● une cuillère ● un saladier

2 Observe la dernière image. Qu'est-ce qu'il y a sur la table ? Choisis.

des crêpes ● de la salade ● du chocolat
● de la confiture ● du sel ● du sucre ● de l'huile
● du vinaigre ● du jambon ● du fromage
● des sandwichs ● du pain

86

mange ?

UNITÉ 10

Que dit-on pour...

... offrir de la nourriture

— Est-ce que tu veux du pain et du fromage ?
— Volontiers, et de l'eau aussi.

— Est-ce que vous voulez des biscuits ?
— Certainement, et en plus, une boîte de chocolats.

— Est-ce que tu veux du saucisson ?
— Non merci, je n'aime pas ça.

— Est-ce que vous voulez des épinards pour les enfants ?
— Je regrette, mais ils détestent les légumes.

Bande dessinée :

— Moi, je vais verser le lait, et toi, tu mélanges.

— Servez-vous !
— Qu'est-ce que tu veux ? Des crêpes salées ou sucrées ?
— Les deux, s'il te plaît.

Écouter et comprendre

3 Écoute et dis si c'est vrai ou faux.
1. Au Canada, les crêpes sont petites et épaisses.
2. Les crêpes sont une spécialité bretonne.
3. Pauline a soif, elle boit du lait.
4. La mère de Nicolas va mélanger la pâte.
5. Pauline va manger une crêpe au jambon et une crêpe au sirop d'érable.
6. Nicolas va prendre une crêpe à la confiture d'abricots.

4 Qui dit quoi ? Nicolas, sa mère ou Pauline ?
1. Ah zut ! Où est la recette ?
2. Combien d'œufs ? Quatre, cinq ?
3. Allez ! Tourne ! Plus vite !
4. Bon appétit !

87

UNITÉ 10 — Qu'est-ce qu'on

La mère : Pauline, est-ce que tu aimes les crêpes ?
Pauline : Ah oui, j'adore ! Chez moi, au Canada, elles sont petites et épaisses, et on les mange avec du sirop d'érable.
Nicolas : En France, c'est le contraire : elles sont grandes et très fines.
La mère : Ici, on mange beaucoup de crêpes parce que c'est une spécialité bretonne. Bon, les jeunes, vous faites la pâte ?

Nicolas : Ah zut ! Où est la recette ? Ah oui ! Dans ce placard.
Pauline : Il faut de la farine, des œufs, du lait, un peu de sel… Combien ?
Nicolas : Alors… 250 g de farine. Tu verses la farine dans le saladier.
Pauline : Combien d'œufs ? Quatre, cinq ?
Nicolas : Quatre, ils sont gros. Maintenant, tu ajoutes du lait et tu mélanges.
Pauline : Et toi, qu'est-ce que tu fais ?
Nicolas : Euh… je bois du lait parce que j'ai très soif ! Tu veux boire quelque chose ?
Pauline : Merci, Nicolas. Tu es trop aimable… Donne ! Moi, je vais verser le lait, et toi, tu mélanges. Allez ! Tourne ! Plus vite !

La mère : Il y a du fromage, du jambon, du sucre… Servez-vous !
Nicolas : Qu'est-ce que tu veux ? Des crêpes salées ou sucrées ?
Pauline : Les deux, s'il te plaît. Je vais commencer avec une crêpe au fromage, et ensuite une crêpe au chocolat.
Nicolas : Moi, je vais prendre une crêpe à la confiture d'abricots.
La mère : Bon appétit !

Mots

• Au supermarché - rayon alimentation

du sucre, de la farine, du chocolat, de la confiture, du sel, du poivre, de la moutarde, de l'huile,

des pâtes, du riz, du café, du thé,

du jambon, du poulet, du poisson,

du fromage, de la crème, un yaourt, un œuf,

de l'eau minérale, du lait, du cidre,

une salade, une tomate, un concombre, un abricot, une pêche, du raisin

mange !

Travailler sur le dialogue

1 Écoute et répète le dialogue avec la cassette, puis, à l'aide du texte, repère les mots associés à la nourriture et lis-les à voix haute.

2 Cherche dans le texte la suite des phrases suivantes et répète-les.
1. Chez moi, au Canada, … .
2. Ici, on mange beaucoup de crêpes … .
3. Je bois du lait … .
4. Moi, je vais verser le lait, … .
5. Il y a du fromage, … .
6. Je vais commencer … .

Communiquer

3 Jouez les situations suivantes.
1. Dis à un ami que tu as soif. Il t'offre du coca. Dis-lui que tu préfères un jus de fruits. Il te demande quel jus tu aimes. Tu lui réponds.
2. Dans une crêperie, un jeune demande à la serveuse si elle a des crêpes salées. La serveuse lui répond qu'elle a des crêpes salées au fromage et au jambon et également des crêpes sucrées. Le jeune choisit une crêpe salée et deux crêpes sucrées. La serveuse lui demande s'il veut boire quelque chose. Il choisit un jus de fruits.
3. Laurent est chez Flora. Il a faim. Flora lui propose du fromage. Laurent déteste ça. Il demande si elle a des fruits. Flora a des abricots et du raisin. Laurent veut des abricots. Il n'aime pas tellement le raisin. Flora, elle, adore ça.

4 Imaginez un dialogue entre Valérie et le crémier.
Valérie se rend chez le crémier. Voici la liste des courses qu'elle doit faire pour sa mère :
1 fromage ; du lait ; 6 œufs ; de la crème ; des yaourts.

Sons et orthographe

Dans mon quartier,
Quatre banquiers
Jouent aux quilles.
Quelle drôle d'histoire
Sans queue ni tête
La folie me guette !

Sous les ponts de Paris
Passent les amoureux
Insouciants des clochards
Dont les corps affaiblis
Imaginent un repas
Chez la mère Legris.

Est-ce qu'on prononce toujours les consonnes finales ?

- Écoutez et répétez :
Quel quartier de banquiers ! - La guerre nous guette. - Les corps des clochards qui imaginent les gâteaux de la mère Legris.

ANALYSER LA LANGUE

Du pâté, de la salade et des fruits

On prépare **de la** salade niçoise ?

Oui, il y a **du** thon, **des** œufs, **des** tomates, **des** olives, **de l'**huile, **du** vinaigre, **du** sel et… **de la** salade, bien sûr !

Observe :
« Il y a trois œufs, cinq tomates, beaucoup d'olives… » mais « du thon, de l'huile, du sel, du vinaigre et de la salade »
Est-ce que tu comprends la différence ?

1 Complète la recette de la salade paysanne.
Dans une salade paysanne, il y a … jambon, … pommes de terre, … olives, … huile, … salade, … poivre et … sel.

2 Complète encore.
1. Ce soir, il y a … poisson.
2. S'il vous plaît, … huile, … vinaigre et … sel pour ma salade !
3. Pour le goûter, je veux … pain, … beurre, … confiture et … lait.

Le partitif
du
de la
de l'
des

C'est très bon, j'aime beaucoup !

Ta salade est **très** mauvaise ! Il y a **beaucoup d'**huile et **trop de** sel !

3 Réécris les phrases, en employant « beaucoup de ».
1. Il y a de la salade.
2. Il y a des voitures.
3. Il y a du monde sur la plage.

4 Complète avec « très », « beaucoup » ou « beaucoup de ».
Nous sommes sur la plage. La mer est … belle. Je suis … content et je joue … .
Malheureusement, il y a … monde. Les gens font … bruit ! À la fin, nous sommes … fatigués.

Pourquoi ? Parce que

— Tu manges du poisson ?
— Non !
— Pourquoi ?
— Parce que je n'aime pas tellement ça.

5. Complète.

1. Est-ce qu'il mange du poulet ? — Non.
— … ? — … il n'aime pas tellement ça.
2. Est-ce que tu vas à l'école ? — Non.
— … ? — … c'est mercredi.
3. Vous allez au cinéma ? — Non.
— … ? — … nous n'aimons pas ce film.
4. Est-ce qu'elle achète un livre ? — Non.
— … ? — … elle préfère un CD.

Qu'est-ce qu'on fait ?

Faire
Je **fais**
Tu **fais**
Il / Elle / On **fait**
Nous **faisons**
Vous **faites**
Ils / Elles **font**

Impératif
Fais !
Faisons !
Faites !

Impératif
Bois !
Buvons !
Buvez !

Boire
Je **bois**
Tu **bois**
Il / Elle / On **boit**
Nous **buvons**
Vous **buvez**
Ils / Elles **boivent**

6. Complète avec le verbe « faire » ou « boire ».

1. Est-ce qu'elle … sa traduction ? — Non, elle … ses devoirs de maths.
2. Est-ce qu'il … du thé ? — Non, il … du coca.
3. Qu'est-ce qu'ils … ? — Ils … la cuisine.
4. Est-ce que tu … un dessert ? — Oui, je … un sorbet au citron.
5. Qu'est-ce que vous … le matin ? — Nous … du lait.
6. C'est très bon ! … ! — Non, merci, je … toujours de la limonade.

Observe :

« Bon, Cécile, **on** va à la piscine maintenant ? »
« **On** parle de lui dans cet article. »
« Est-ce qu'**on** invite Pauline chez nous, à Paris ? »
« **On** doit toujours dire la vérité. »

Quelles sont les phrases que tu peux transformer en utilisant « nous » à la place de « on » ?

UNITÉ 10 — Qu'est-ce qu'on mange ?

METTRE EN PRATIQUE

1 Regarde les images et réponds à la question, comme dans l'exemple.
— Qu'est-ce que tu achètes au supermarché ?
1. J'achète de l'eau.

2. ... .
3. ... .
4. ... .

5. ... .
6. ... .
7. ... .

8. ... .
9. ... .
10. ... .

2 Fais la liste des aliments que tu vas acheter pour faire :
1. une omelette
2. un gâteau au chocolat
3. une salade niçoise

3 Posez-vous des questions et répondez, comme dans l'exemple.
(manger des frites)
— Pourquoi tu manges des frites ?
— Parce que j'adore les frites. / Parce que j'ai très faim.

1. (aller à la plage)
2. (écouter des disques)
3. (aller au cinéma)
4. (acheter un cadeau)
5. (boire du coca)
6. (faire un gâteau)

4 Fais des phrases, comme dans l'exemple.
soleil / on / chaud
— Il y a beaucoup de soleil. On a très chaud.

1. sel dans salade / ils / soif
2. bruit / je / fatigué
3. fromage dans omelette / c'est / bon
4. gâteaux sur table / on / faim

Qu'est-ce qu'on mange ?   Unité 10

COMPRENDRE et écrire

Recettes de cuisine

2 bananes
2 poires
2 pommes
2 pêches
le jus d'un citron
100 g de sucre

1 concombre
1 yaourt
2 cuil. à soupe d'huile
le jus d'1/2 citron
sel et poivre
menthe

8 poires
3 œufs
150 g de sucre
100 g de farine
1 litre de lait

150 g de farine
150 g de sucre
150 g de beurre
4 œufs
150 g de chocolat

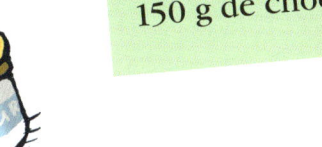

Salade de fruits

Entremets aux poires

Gâteau au chocolat

Salade de concombres

Recette 1 :
Mélange le sucre et les œufs. Fais fondre le chocolat et le beurre. Ajoute la farine. Mélange. Verse le tout dans un plat beurré et mets au four pendant 20 minutes.

Recette 2 :
Épluche 8 poires. Coupe-les en deux et mets-les dans un plat beurré. Dans un saladier, mélange 3 œufs, 150 g de sucre, 100 g de farine et un litre de lait. Mets au four pendant 45 minutes.

Recette 3 :
Épluche le ...., coupe-le en petits morceaux et mets-le dans un saladier. Dans un bol, mélange le ...., le .... citron et ...., puis le ...., le .... et la .... Verse la sauce sur le ....

Recette 4 :
.... les .... , les .... , les .... et les pêches et .... - les en petits morceaux. Verse-les dans un grand .... Verse dessus .... et 100 g .... Mets au frigidaire pendant au moins 1 heure.

Lis les listes d'ingrédients, les titres des recettes, puis les recettes.
1. Fais correspondre chaque titre de recette à sa liste d'ingrédients et à sa recette.
2. Choisis la recette 3 ou 4 et réécris-la en la complétant.
3. Écris une recette de ton pays pour un copain / une copine.

Ma documentation

La gastronomie

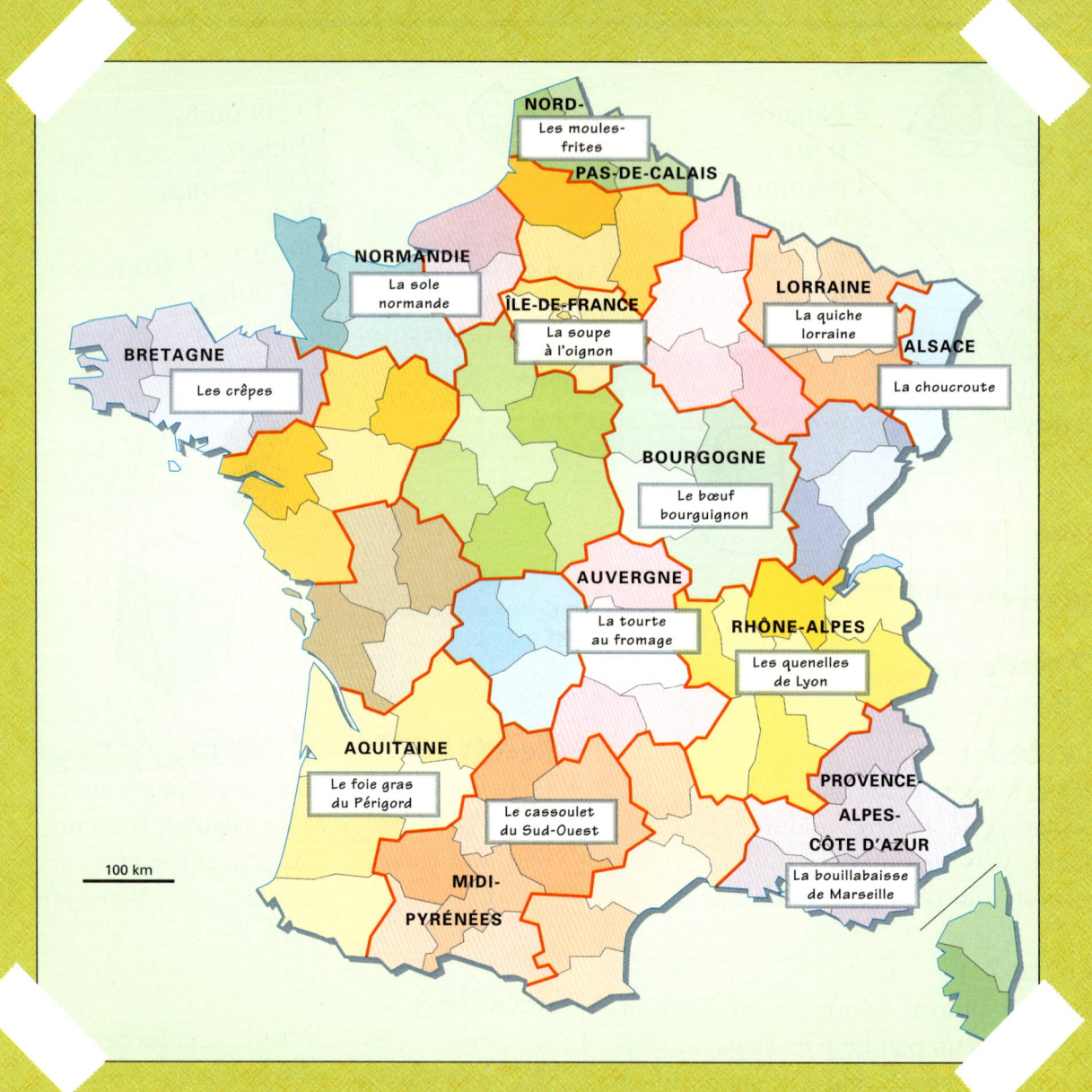

NORD-PAS-DE-CALAIS — Les moules-frites

NORMANDIE — La sole normande

ÎLE-DE-FRANCE — La soupe à l'oignon

LORRAINE — La quiche lorraine

ALSACE — La choucroute

BRETAGNE — Les crêpes

BOURGOGNE — Le bœuf bourguignon

AUVERGNE — La tourte au fromage

RHÔNE-ALPES — Les quenelles de Lyon

AQUITAINE — Le foie gras du Périgord

MIDI-PYRÉNÉES — Le cassoulet du Sud-Ouest

PROVENCE-ALPES-CÔTE D'AZUR — La bouillabaisse de Marseille

100 km

Radio-copains

Connais-tu les recettes que les jeunes présentent ? Note le nom de chaque recette que tu illustreras avec une belle photo.

94

mes pense-bêtes

1) le corps humain

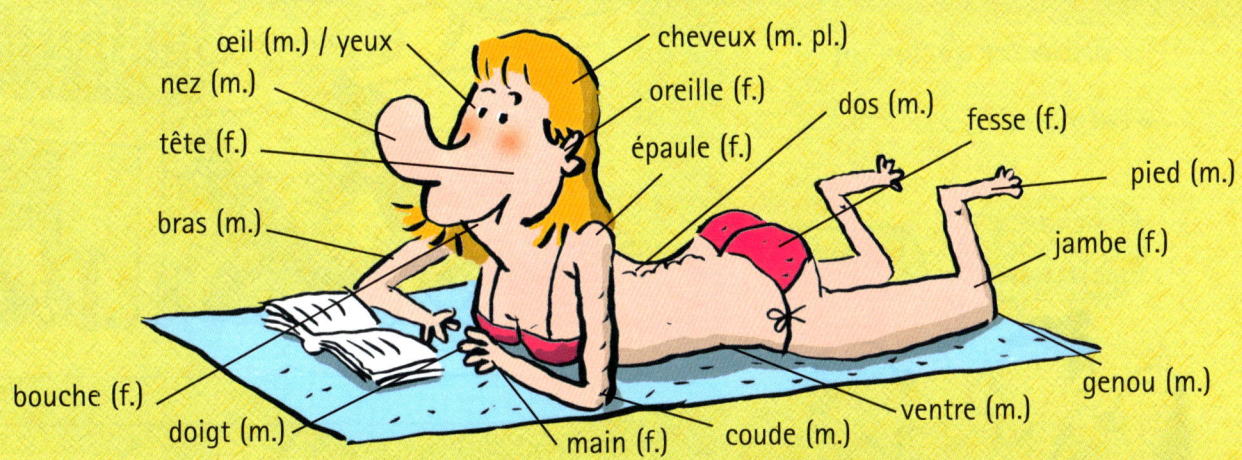

- œil (m.) / yeux
- nez (m.)
- tête (f.)
- bras (m.)
- bouche (f.)
- doigt (m.)
- cheveux (m. pl.)
- oreille (f.)
- épaule (f.)
- dos (m.)
- fesse (f.)
- pied (m.)
- jambe (f.)
- genou (m.)
- ventre (m.)
- coude (m.)
- main (f.)

2) l'argent

Les pièces :
1 centime d'euro, 2 centimes d'euro, 5 centimes d'euro, 10 centimes d'euro, 20 centimes d'euro, 50 centimes d'euro, 1 euro, 2 euros.

Les billets :
5 euros, 10 euros, 20 euros, 50 euros, 100 euros, 200 euros, 500 euros.

mes projets

Au choix :

1) Choisissez deux plats typiques de votre pays ou de votre région, l'un salé, l'autre sucré. Ensuite, formez deux groupes. Faites la liste des ingrédients et calculez leur prix en francs. Puis écrivez la recette, comme pour un livre de cuisine (vous pouvez l'illustrer avec différentes photos).

2) Avec 45 €, les jeunes Français aiment :
- acheter des vêtements (34 %), aller au cinéma (29 %), acheter des CD ou des cassettes (28 %)...
- aller au café / restaurant (16 %), en discothèque (11 %), acheter des vêtements de sport (8 %)...
- aller à un concert de rock (6 %).

Faites un tableau comparatif avec ce que les jeunes de votre pays / de votre classe aiment acheter.

UNITÉ 11 — À la gare

Que dit-on pour...

...présenter quelqu'un

- entre amis

Voilà mon amie de Montréal.
Bonjour, ça va bien ?

- avec des adultes

Monsieur Lafont, je vous présente Madame Serin, notre nouvelle collaboratrice.
Enchanté de faire votre connaissance, Madame.

Le train vient d'arriver.
Quel quai ?

Salut, Céline ! Ça va ? Je te présente Pauline.
Bonjour, Pauline. Tu vas bien ?

Avant d'écouter

1 **Observe les images et réponds.**
1. Quels personnages reconnais-tu ?
2. Est-ce qu'il y a des personnages que tu ne connais pas ?
3. Qui sont-ils, d'après toi ?
4. Où se trouvent tous ces personnages ?

2 **Décris les images, à l'aide des mots suivants.**
1. le hall ● la gare ● les trains à l'arrivée ● le quai ● se dépêcher
2. des gens ● le quai ● le train ● les voyageurs ● saluer ● présenter
3. le père ● la sœur ● l'amie ● s'embrasser
4. les bagages ● prendre ● la voiture ● porter

UNITÉ 11

Que dit-on pour...

... exprimer la provenance

- ENFIN! D'OÙ TU VIENS? TU ES TRÈS EN RETARD!
- JE VIENS DE L'ÉCOLE, MAMAN.
- EH BIEN, JE SORS DU THÉÂTRE.
- JE FAIS UN SONDAGE. D'OÙ VENEZ-VOUS, MONSIEUR?

... exprimer la destination

- JE PARS POUR BRUXELLES, DEMAIN.
- NOUS, NOUS ALLONS À PARIS.
- OÙ ALLEZ-VOUS?
- JE VAIS VERS LE SUD.
- BON, ALORS MONTEZ! MOI, JE VAIS À NÎMES.

Bonjour, Nicolas. Bonjour, Pauline.

Sortons d'ici! On rentre en taxi?

Non, en voiture. Maman attend devant la gare. Pauline et moi, on rentre à pied.

Écouter et comprendre

3 Écoute et mets les répliques dans l'ordre.
1. Maman attend devant la gare.
2. Les gens sortent du train.
3. Il y a beaucoup de monde.
4. Le train vient d'arriver.
5. Pauline et moi, on rentre à pied.
6. Il descend du train avec nos bagages.

4 Écoute encore et choisis la bonne réponse.
1. Le train est au…
    quai 1 ● quai 2 ● quai 3
2. Céline arrive directement de… . Elle porte…
    une valise ● Paris ● Londres ● deux gros sacs

97

UNITÉ 11 — À la gare

Haut-parleur : Le TGV en provenance de Paris entre en gare. Éloignez-vous de la bordure du quai.
Nicolas : Vite, Pauline ! On est en retard. Le train vient d'arriver.
Pauline : Quel quai ?
Nicolas : Attends, je vais regarder sur le tableau des arrivées. Quai 2. Vite, les gens sortent du train ! Je viens de voir Céline.... Céline !
Céline : Ouh, ouh ! Nicolas !
Nicolas : Salut, Céline ! Ça va ? Je te présente Pauline.
Céline : Bonjour, Pauline. Tu vas bien ? Nicolas est gentil avec toi ?
Nicolas : Oh ! là, là ! Ça commence ! Où est papa ?
Céline : Là-bas ! Il descend du train avec nos bagages.
Nicolas : En plus de ces deux gros sacs ? ... Dis donc, ils sont lourds ! C'est incroyable !
Céline : Tu trouves ? C'est bien normal, j'arrive directement de Londres.

....

Le père : Bonjour, Nicolas. Bonjour, Pauline. Est-ce que tu passes de bonnes vacances ?
Pauline : Oui, très bonnes, merci.
Le père : Il y a beaucoup de monde. Sortons d'ici ! On rentre en taxi ?
Nicolas : Non, en voiture : maman attend devant la gare.
Céline : Mais on a trop de bagages : on va être trop serrés !
Nicolas : Du calme ! Pauline et moi, on rentre à pied à la maison.
Le père : À tout à l'heure !

Mots

• À la gare

un chariot — un voyageur — une valise — des bagages

un sac — un train — une voiture

un quai - un guichet - un billet - un composteur - un contrôleur - un compartiment - une place

98

Travailler sur le dialogue

1 Écoute le dialogue, note tous les mots qui ont un rapport avec la gare, puis répète-les.

2 Écoute le dialogue avec le texte, puis complète les répliques suivantes.
1. Le train … .
2. Vite, les gens … .
3. C'est bien normal, … .
4. Est-ce que … ?
5. Maman … .
6. Pauline et moi, … .

Communiquer

3 Regarde les images et imagine la réplique pour chaque situation.

4 Jouez les situations suivantes.
1. Grégoire est devant son collège. Il présente sa mère à son professeur de maths, M. Canetti. La mère de Grégoire et le professeur se saluent et se présentent.
2. Victor rencontre une amie, Laure. Laure est avec une copine espagnole, Maria. Elle présente Maria à Victor. Victor lui répond et lui demande d'où elle vient. Maria vient de Barcelone et part pour Lyon dans deux jours.
3. Un(e) journaliste présente un groupe de rock très célèbre. Chaque membre du groupe dit son nom, son âge et de quel instrument il joue.

Sons et orthographe

Les joyeux voyageurs
En voiture pour le pays des rêves
Un rayon de soleil illumine vos yeux
Fuyez vers le futur
Soyez tous du voyage.

Minuit ! Le carillon sonne
Cendrillon en haillons
Son carrosse en citrouille
Pauvre fille ! Quel réveil !
Mais dans le noir, ô merveille
Brille encore un petit soulier.

- Écoutez et répétez :
Le soleil brille. - Vos yeux sont joyeux. - La fille fuit avec le soulier. - Elle travaille à merveille.

- Écoutez et écrivez :
le maillot de travail - le rayon de soleil - les illustrations sous la lumière.

UNITÉ 11 — À la gare

ANALYSER LA LANGUE

Comment allez-vous ?

Que fais-tu ? — *Où vas-tu ?* — *Comment allez-vous ?*

Observe :
« Elle vient de Bruxelles ? » — « Est-ce qu'elle vient de Bruxelles ? » — « Vient-elle de Bruxelles ? »
Quelles différences remarques-tu entre ces trois formes d'interrogation ?
D'après toi, quelles sont les formes courantes quand on parle ?

1. Complète sur le même modèle.
— Vous allez à Paris ?
— … vous allez à Paris ?
— …-… à Paris ?

2. Mets les phrases à une autre forme interrogative.
1. Tu vas en vacances en Bretagne ?
— … ?
2. Tu viens de Paris ?
— … ?
3. Ils vont à la gare ?
— … ?

3. Observe les réponses et trouve la question.
1. … ?
— Oui, il aime Paris.
2. … ?
— Nicolas porte les bagages.
3. … ?
— Elle mange des crêpes.
4. … ?
— Non, la salade n'est pas trop salée.

Venir... partir... revenir...

Venir
Je **viens**
Tu **viens**
Il / Elle / On **vient**
Nous **venons**
Vous **venez**
Ils / Elles **viennent**

Impératif
Viens !
Venons !
Venez !

Impératif
Pars !
Partons !
Partez !

Partir
Je **pars**
Tu **pars**
Il / Elle / On **part**
Nous **partons**
Vous **partez**
Ils / Elles **partent**

⚠ ATTENTION !
Se conjuguent comme « venir » : tenir, revenir.
Se conjuguent comme « partir » : sortir, dormir, servir.

4 Complète avec « venir », « partir », « sortir », « dormir », « revenir », « servir », « tenir ».
1. D'où ... ton père ?
2. Ce matin, je ... en vacances.
3. Tu veux un Carambar ? ... !
4. Nous ... des snacks à la buvette de la plage.
5. Tu ... aujourd'hui. Mais quand est-ce que tu ... ?
6. *Okapi* ... tous les mois.
7. Ne fais pas de bruit. Ta petite sœur ... .

👓 OBSERVE :
« Le père de Nicolas vient de Paris. » — « Il vient d'arriver à la gare. »

5 Verbe « venir » ou passé récent d'un autre verbe ?
1. Pauline vient de Montréal.
2. Les enfants viennent de partir pour la plage.
3. Il vient toujours le matin.
4. Elle vient de manger un gâteau.

Passé récent
Je **viens**
Tu **viens**
Il **vient** **de** + verbe
Nous **venons**
Vous **venez**
Ils **viennent**
———
Je **viens de lire** un article.

6 Transforme les phrases, comme dans l'exemple.
Nous allons voir un film. — Nous venons de voir un film.
1. Nous allons goûter.
2. Je vais arriver par le train.
3. Tu vas lire un livre.
4. Elles vont faire leurs devoirs.
5. Il va construire une maison.
6. Ils vont acheter une voiture.

UNITÉ 11 — À la gare

METTRE EN PRATIQUE

1. Posez-vous des questions, comme dans l'exemple, et répondez librement.

Le train entre en gare. (quai n° 2)
— Est-ce que le train entre en gare ?
— Oui, il entre en gare quai n° 2.

1. Vous allez bien. (vacances)
2. Nicolas est gentil avec Pauline. (cadeau)
3. Céline arrive directement de Londres. (train)
4. Céline et son père ont beaucoup de bagages. (cinq valises)
5. Vous passez de bonnes vacances. (plage)

2. Pose des questions sur les mots en gras, comme dans l'exemple.

Je viens de voir **Céline**. — Qui est-ce que je viens de voir ?

1. Le train arrive **à Guingamp**.
2. Nicolas présente **Pauline** à sa sœur.
3. Mon père est **dans le TGV**.
4. Il porte **mes sacs et sa valise**.
5. Elle me présente **ses parents**.
6. Ils disent **au revoir**.

3. Dis si les phrases sont au présent ou au passé récent.

1. Le train vient d'arriver.
2. On vient de regarder le tableau des arrivées.
3. Ils viennent de Bretagne.
4. Je viens de voir ma sœur.
5. Nous venons de la maison.
6. Pauline vient du Canada, et vous ?

À la gare Unité 11

COMPRENDRE et écrire

Transports

GARE DU NORD - Tableau des Arrivées -				
Eurostar en provenance de Londres.				
N° de l'Eurostar	136	121	129	145
N° du quai	11	10	10	9
D. Londres	7.13	9.34	11.05	14.04
A. Paris	10.19	12.40	14.11	17.10

GARE MONTPARNASSE - Tableau des départs -				
Trains à destination de Rennes, Saint-Brieuc, Guingamp, Brest.				
N° du TGV	8505	8711	8719	8737
N° du quai	12	7	13	18
D. Paris	7.10	8.20	11.30	14.30
A. Guingamp	10.01	11.27	14.21	17.23

: restauration – D. : départ – A. : arrivée

Observe les documents.
1. Lis les renseignements sur les heures d'arrivée et de départ.
2. Écris une lettre à Céline, qui est à Londres. Donne-lui des renseignements sur son voyage : arrivée à Paris - description de la Gare du Nord, de la Gare Montparnasse (chariot, métro guichet, tableau des départs, numéro du train, du quai, etc.), arrivée à Guingamp.

103

UNITÉ 12 — Une fête

Que dit-on pour...

... demander le nom

TU T'APPELLES COMMENT ?
COMMENT TU T'APPELLES ?
QUEL EST TON NOM ?
TON PRÉNOM, C'EST QUOI ?

QUEL EST VOTRE NOM, MADAME ?
ET VOTRE PRÉNOM ?
COMMENT ÇA S'ÉCRIT ?
ET VOUS MONSIEUR, COMMENT VOUS APPELEZ-VOUS ?
POUVEZ-VOUS ÉPELER ?

Je ne veux pas prendre le car. On peut prendre les vélos ?

Bien sûr.

Je ne trouve plus la route.

On doit prendre la direction de Morlaix jusqu'au carrefour, puis tourner à droite.

Avant d'écouter

1 Récapitule.
1. Quels moyens de transport connais-tu ?
2. Donne le prénom et le nom de tous les personnages de l'histoire que tu connais.
3. Rappelle les liens qui existent entre eux.
4. Donne le nom des villes, des villages et des pays que tu connais.

2 Observe et décris les images.
1. Image 1
2. Image 2
3. Image 3
4. Image 4

olklorique

UNITÉ 12

— Comment s'appelle le village ?
— Plougasnou.
— Tu peux épeler, s'il te plaît ?

— Quels beaux costumes ! C'est rigolo.

Écouter et comprendre

3 Écoute et dis si c'est vrai ou faux.
1. Les jeunes veulent aller à une fête.
2. Pauline ne veut pas prendre le car.
3. Ils doivent tous mettre un pull.
4. Ils partent à pied.
5. Ils sont en avance pour la fête.

4 Qui dit quoi ?
1. Mettez un pull. Il y a du vent.
2. On est près de la rivière.
3. Ça y est, j'ai trouvé !
4. Il n'est que cinq heures et quart.

Que dit-on pour...

... indiquer la direction

— Pardon, monsieur, où est la route de Quimper ?
— C'est tout près. Je vais par là. Venez avec moi.

— Pour aller à la place de la mairie.
— Direction centre-ville. C'est tout droit.

... donner des ordres

Les bandits vont vers le sud. Appel aux agents : prenez la direction de l'autoroute du soleil.

UNITÉ 12 — Une fête folklorique

Nicolas : Papa, il y a une fête à Plougasnou, cet après-midi. On peut y aller, s'il te plaît ?
Père : Je suis d'accord, si Céline veut bien aller avec vous.
Céline : Je ne veux pas prendre le car. On peut prendre les vélos ?
Père : Bien sûr. Mais mettez un pull. Il y a du vent.

Nicolas : Céline ! Je ne trouve plus la route : c'est à droite, à gauche, tout droit ?
Céline : On doit prendre la direction de Morlaix jusqu'au carrefour, puis tourner à droite vers Plougasnou.
Pauline : Comment s'appelle le village ?
Nicolas : Plougasnou.
Pauline : Je ne vois rien sur la carte. Tu peux épeler, s'il te plaît ?
Nicolas : P-L-O-U-G-A-S-N-O-U.
Céline : Mais vous regardez trop loin ! On est près de la rivière.
Pauline : Ça y est, j'ai trouvé ! Je regardais au sud et c'est au nord.

Nicolas : J'entends de la musique. Oh zut ! La fête a commencé !
Céline : Il n'est que cinq heures et quart. On n'est pas trop en retard.
Pauline : Voilà les danseurs ! Quels beaux costumes ! C'est rigolo.
Céline : ... Rigolo, rigolo ! C'est la fin des vacances.
Pauline : C'est vrai. Dans trois jours, mes parents arrivent à Paris et c'est la rentrée.
Nicolas : Alors, rendez-vous bientôt, à Paris !

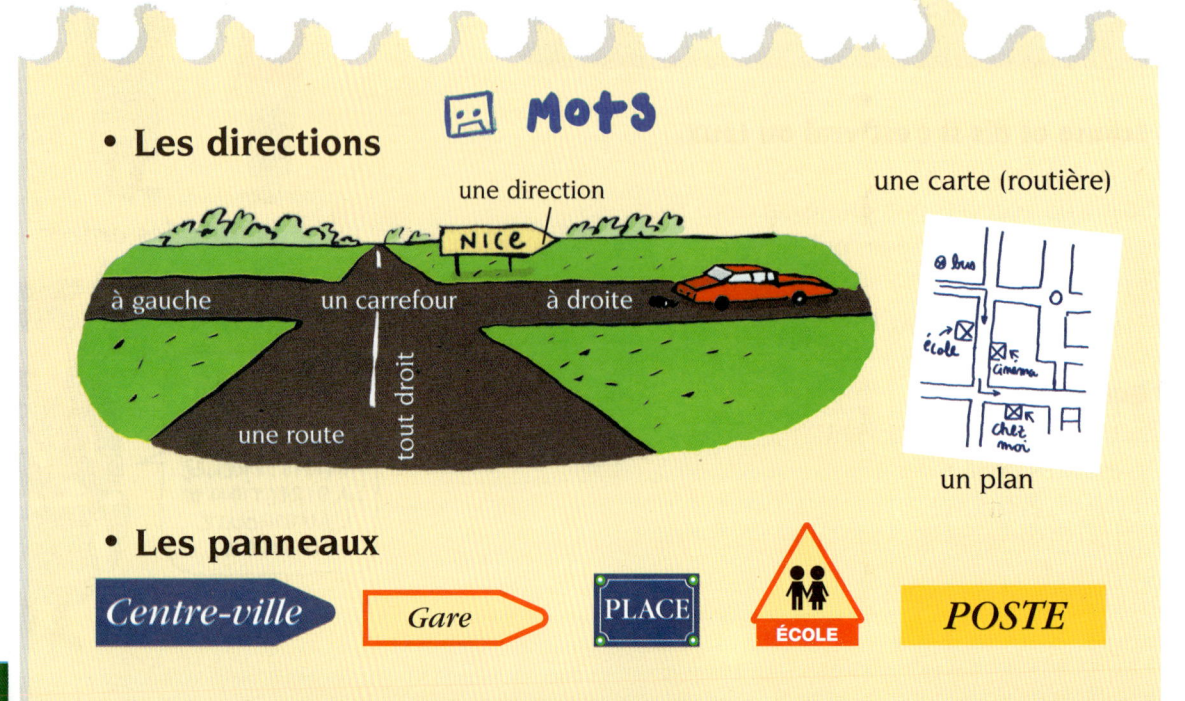

Mots

- **Les directions**

  une direction
  à gauche — un carrefour — à droite
  une route — tout droit
  une carte (routière)
  un plan

- **Les panneaux**

  Centre-ville — Gare — PLACE — ÉCOLE — POSTE

Travailler sur le dialogue

1 Écoute le dialogue et note tous les mots qui ont un rapport avec les directions.

2 Écoute le dialogue avec le texte, puis cache le texte et complète les répliques.
1. Je suis d'accord, si … .
2. Céline ! Je ne trouve plus la route : … .
3. Comment … ?
4. Je ne vois rien sur la carte. … ?
5. Je regardais … .
6. Il n'est que … .

Communiquer

3 Écoute la cassette et écris les noms de lieu que tu viens d'entendre.

4 Complète les mini-dialogues oralement, puis lis-les à voix haute avec un copain / une copine.
1. Où … on … ? — À Guingamp. C'est tout … .
2. …, monsieur, comment … la place près de la poste ? — Place de la Mairie. Vous … la direction centre - … .
3. Je … aller à une fête ? — Oui, mais tu … rentrer à 9 heures et demie.

5 Jouez les situations suivantes.
1. Jouez au jeu de « Jacques a dit » avec les verbes suivants : ouvrez / fermez la porte, prenez un stylo / une gomme, un livre / un cahier…, asseyez-vous, levez-vous, écrivez, lisez, chantez, dormez, sortez, entrez…
2. Claire et Patricia sont près du collège. Claire demande à Patricia où est la poste. Patricia lui répond que c'est tout près et lui indique la direction.

Sons et orthographe

Nous aimons la montagne
Vous aimez la campagne
La lumière de la lune gagne du terrain
Les agneaux se rangent en rang
Les blancs aussi bien que les bruns
Venez vite, regagnons tous les champs !

Voici des mots dans lesquels vous trouverez les sons des lettres de l'alphabet ⟶

- Écoutez et répétez :

A, le chat	**N**, le chêne
B, le bébé	**O**, le roseau
C, la pensée	**P**, l'épée
D, le dé	**Q**, l'écu
E, le feu	**R**, le tonnerre
F, le chef	**S**, la laisse
G, le danger	**T**, le thé
H, la hache	**U**, tout nu
I, le lit	**V**, le pavé
J, la bougie	**W**, deux pavés
K, le fracas	**X**, Astérix
L, les ailes	**Y**, le i grec
M, la crème	**Z**, les aides

107

ANALYSER LA LANGUE

Plus jamais !

Je **ne** trouve **plus** notre route.
Tu **ne** regardes **jamais** la carte.
Nous **ne** sommes **pas** perdus.

Vous **ne** remarquez **rien**.
Elle **ne** voit **ni** les panneaux, **ni** les indications.
Ils **ne** voyagent **qu'**en voiture.

Observe :
1) Elle **ne** trouve **plus** sa route.
2) Elle **ne** regarde **jamais** la carte.
Avant ou maintenant ?
1 = Avant, elle trouvait sa route ; maintenant, elle ne trouve plus sa route.
2 = Elle ne regardait pas la carte avant ; elle ne la regarde pas maintenant.

Observe :
Ils **ne** voyagent **qu'**en voiture.
= Ils voyagent seulement en voiture.

Ils **ne** remarquent **rien**.
= Ils **ne** remarquent **ni** la route, **ni** les indications.

❶ Complète avec « ne » et « pas – plus – jamais – rien – ni… ni – que ».
1. Elle … va … à la mer parce qu'elle déteste la montagne.
2. Il a un caractère difficile : il … a … amis … copains.
3. Ils … partent … en vacances parce qu'ils … ont … d'argent.
4. Je … prends … l'autobus. Je préfère la voiture. C'est plus rapide.
5. Les enfants ont mangé une énorme glace : ils … ont … faim.
6. Pauvre Pierre ! Il … a … des problèmes.
7. Il fait trop noir. Je … vois … .

Loin de tout

Il habite **loin de** Paris, **loin de** son travail, **loin du** village, **loin de** ses amis.
L'église est **près de la** place, **près du** château, **près d'**ici, tout **près de** nous.

❷ Complète.
1. Ce château n'est pas loin, il est … village.
2. On va en voiture, l'hôtel est … la gare.
3. Reste … moi !
4. Allez jouer … ici !

Je peux, je dois, je mets...

Pouvoir
Je **peux**
Tu **peux**
Il / Elle / On **peut**
Nous **pouvons**
Vous **pouvez**
Ils / Elles **peuvent**

Devoir
Je **dois**
Tu **dois**
Il / Elle / On **doit**
Nous **devons**
Vous **devez**
Ils / Elles **doivent**

Mettre
Je **mets**
Tu **mets**
Il / Elle / On **met**
Nous **mettons**
Vous **mettez**
Ils / Elles **mettent**

⚠ ATTENTION !

Mets ! - Mettons ! - Mettez !
sont les formes de l'impératif du verbe « mettre » mais les verbes « pouvoir » et « devoir » n'ont pas d'impératif.

3. Complète avec « mettre », « devoir » ou « pouvoir ».

Marc téléphone à sa femme Isabelle.
Allô, ma mère est malade. Nous … partir d'urgence, mais je ne … pas aller à la gare. Est-ce que tu … réserver une place dans le train ? Nous … prendre le train de 20 heures ; ce train … deux heures pour arriver. Prépare aussi une petite valise : … les pyjamas et les brosses à dents.
Tu … faire vite. Merci, à plus tard.

Appeler ou s'appeler

👓 OBSERVE :

« La mère de Nicolas s'appelle Isabelle » mais « Quand Nicolas est malade, elle appelle le médecin »
Tu vois la différence ?

4. Complète avec « s'appeler » ou « appeler ».

1. Je veux savoir comment elles … .
2. Comment vous …-…, madame ?
3. Nicolas et Pauline … leurs amis.

Maintenant ou avant ?

5. Dis si les actions se passent maintenant ou avant.

1. Elle mange au restaurant tous les jours.
2. Pauline et Nicolas ont mangé leur goûter à la buvette de la plage.
3. Il faisait nuit. Elle ne pouvait pas bien voir sa route.
4. Il pleut et nous ne pouvons pas sortir.
5. Hier, tu as visité un très beau château.
6. Il pleuvait et nous n'avons pas pu aller à la plage.

UNITÉ 12 — Une fête folklorique

METTRE EN PRATIQUE

1. Fais des phrases en utilisant les expressions de lieu, comme dans l'exemple.

   Lannion / près / mer
   Lannion est près de la mer.

1. Paris / loin / Rennes
2. Église / dans / centre-ville
3. Papeterie / à gauche / mairie
4. Route de Quimper / près / carrefour
5. Café / sur / place

2. Complétez les mini-dialogues avec « ne pas », « ne rien », « ne jamais », « ne plus », « ne que », « ni... ni ».

1. Tu veux du vin ?
— Non, merci. Je … bois … d'alcool.
2. Tu as fini ton exercice de maths ?
— Non, c'est difficile, je … comprends … .
3. On sort ce soir, si tu veux.
— Ce soir, je … peux …, j'ai trop de travail.
4. Tu aimes la musique folklorique ?
— Non, je … aime … la musique, … les danses folkloriques.
5. Tu veux encore de la tarte aux pommes ?
— Non, merci. Je … ai … faim.
6. Tu joues souvent au tennis ?
— Non, je … joue … en vacances.

3. Complète avec les verbes « appeler », « venir », « s'appeler », « mettre », « devoir », « pouvoir », « vouloir », « partir », « sortir », « faire », « boire », « prendre ».

1. Comment … … la mère de Nicolas ?
2. Est-ce qu'on … … ce soir ? Il y a une fête dans le village.
3. … un pull, il … froid à vélo.
4. Il … un médecin s'il est malade.
5. Qu'est-ce que vous …? Un coca ? Une limonade ?
6. Elles ne … pas aller au cinéma, elles sont trop fatiguées.
7. D'où est-ce que vous … ?
8. … le train, c'est direct. Le TGV … dans vingt minutes.

4. Dis si les actions se passent maintenant ou avant.

1. Ils font du vélo tous les dimanches.
2. Hier, nous avons dormi jusqu'à dix heures.
3. Il faisait beau et chaud. On a marché jusqu'au château.
4. À quelle heure est-ce que nous partons ?

Une fête folklorique   Unité 12

COMPRENDRE et écrire

Plans et invitations

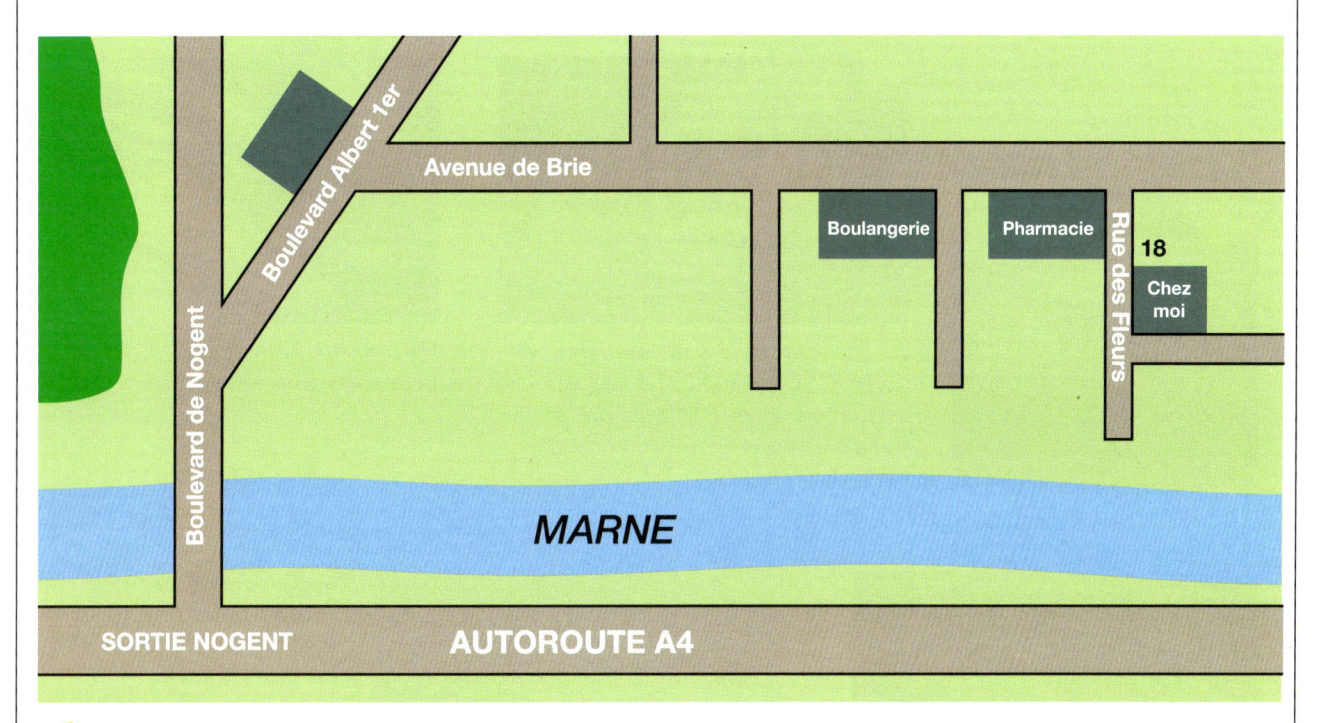

1 **Explique à ta copine Carole, et à ses parents, comment venir chez toi.**
Regarde la carte et écris-leur une lettre pour donner ton adresse et indiquer les directions.

2 **Tu invites tes amis à ton anniversaire.**
Envoie-leur une carte d'invitation qui indique le jour, l'heure, ton téléphone et ton adresse (nom de la rue, code d'entrée, étage). Envoie aussi un plan pour expliquer comment arriver chez toi.

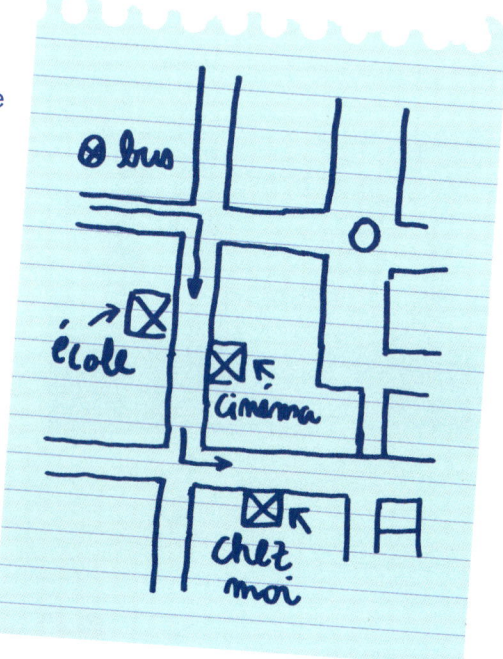

C'est mon anniversaire !

Mardi ··· 19···
à ··· heures
Mon téléphone : ···
Mon adresse : ···

Ma documentation

Les transports

Le TGV (train à grande vitesse) roule à 300 km/h. S'il est bleu ou gris, il va vers l'Atlantique et le Nord ; s'il est orange, il va de Paris à Marseille.

L'Eurostar relie Paris, Lille et Bruxelles à Londres.

L'aéroport de Roissy-Charles de Gaulle est au nord de Paris.

Le Concorde est un avion très rapide : il fait Paris – New York en trois heures.

Une petite route départementale dans les Landes.

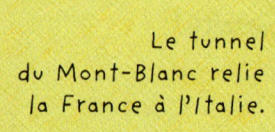

Le tunnel du Mont-Blanc relie la France à l'Italie.

Radio-copains

Note le trajet de Lucie, puis repère les principales villes sur la carte p. 40.

Mes pense-bêtes

Les fêtes

l'Épiphanie
la Saint-Valentin 
Mardi-Gras 
Pâques 
le 1er Mai 
le 14 Juillet 
Noël 

L'Épiphanie (janvier)
La Saint-Valentin (février)
Mardi-Gras (février)
Pâques (avril)
Le 1er Mai (fête du Travail)
Le 8 Mai (fin de la guerre 39-45)
Le 14 Juillet (fête nationale)
La Toussaint (novembre)
Le 11 Novembre (fin de la guerre 14-18)
Noël (décembre)

Le Jeudi de l'Ascension (mai)
Le Dimanche et le Lundi de Pentecôte (juin) *sont aussi des fêtes religieuses*
Le 15 Août

Mes projets

Au choix :
1) Préparez un voyage dans une région touristique de votre pays.
Dessinez une carte de votre pays, indiquez la route à suivre si vous partez en voiture ou à vélo, n'oubliez pas les heures de départ et d'arrivée si vous prenez le train ou le bateau. Faites aussi un petit plan pour indiquer précisément les lieux / adresses des villes / monuments à visiter.

2) Choisissez une fête typique de votre pays. Puis, par groupes, préparez pour la télévision une petite émission qui va présenter cette fête à de jeunes Français (date, lieu, programme, petit texte pour expliquer la fête, spectacle : chanson, danse, etc.).

Précis de gr...

● Les articles définis (unités 1 et 2)

M. sing.	F. sing.	M. et F. plur.
le	la	les
l'	l'	

le livre - **les** livres
l'élève - **les** élèves
l'homme - **les** hommes
la maison - **les** maisons
l'école - **les** écoles
l'heure - **les** heures

● Les articles indéfinis (unité 2)

M. sing.	F. sing.	M. et F. plur.
un	une	des

un livre, **un** homme, **des** livres
une maison, **une** heure, **une** école, **des** écoles

● Les articles contractés

◆ Avec la préposition *à* (unités 3 et 4)

à	+	le	= au
à	+	l'	= à l'
à	+	les	= aux

au garçon
à l'élève
aux garçons, **aux** élèves

à	+	la	= à la
à	+	l'	= à l'
à	+	les	= aux

à la plage
à l'école
aux filles, **aux** étudiantes

◆ Avec la préposition *de* (unité 4)

de	+	le	= du
de	+	l'	= de l'
de	+	les	= des

du cahier
de l'exemple
des cahiers, **des** exemples

de	+	la	= de la
de	+	l'	= de l'
de	+	les	= des

de la classe
de l'école
des classes, **des** écoles

● Le partitif (unité 10)

M. sing.	F. sing.	M. et F. plur.
du	de la	des
de l'	de l'	

du pain, **de la** viande, **de l'**eau
des fruits, **des** pommes de terre

● Les adjectifs possessifs (unités 1, 3 et 6)

M. sing.	F. sing.	M. et F. plur.
mon	ma	mes
ton	ta	tes
son	sa	ses
notre	notre	nos
votre	votre	vos
leur	leur	leurs

mon livre, **ma** maison, **mes** livres
ton cahier, **ta** maison, **tes** maisons
son livre, **sa** maison, **ses** livres
notre cahier, **notre** maison, **nos** cahiers
votre cahier, **votre** maison, **vos** maisons
leur ami, **leur** amie, **leurs** amies...

Devant les noms féminins commençant par une voyelle ou un « h » muet :
mon école, ton adresse, son histoire...

● Les adjectifs démonstratifs (unité 8)

M. sing.	F. sing.	M. et F. plur.
ce / cet	cette	ces

ce livre, **ces** livres
cet élève, **ces** élèves
cet homme, **ces** hommes
cette maison, **ces** maisons

● Les adjectifs numéraux

◆ Les adjectifs numéraux cardinaux (unités 2 et 3)

1	un	11	onze	21	vingt et un	81	quatre-vingt-un
2	deux	12	douze	22	vingt-deux	90	quatre-vingt-dix
3	trois	13	treize	30	trente	91	quatre-vingt-onze
4	quatre	14	quatorze	40	quarante	100	cent
5	cinq	15	quinze	50	cinquante	101	cent un
6	six	16	seize	60	soixante	200	deux cents
7	sept	17	dix-sept	70	soixante-dix	201	deux cent un
8	huit	18	dix-huit	71	soixante et onze	1 000	mille
9	neuf	19	dix-neuf	72	soixante-douze	2 000	deux mille
10	dix	20	vingt	80	quatre-vingts	1 000 000	un million

Attention !
*Quatre-vingt**s** mais quatre-vingt-un ; deux cent**s** mais deux cent un.*

◆ Les adjectifs numéraux ordinaux (unité 4)

1er-ère	premier - première	6e	sixième	11e	onzième	16e	seizième
2e	deuxième	7e	septième	12e	douzième	17e	dix-septième
3e	troisième	8e	huitième	13e	treizième	18e	dix-huitième
4e	quatrième	9e	neuvième	14e	quatorzième	19e	dix-neuvième
5e	cinquième	10e	dixième	15e	quinzième	20e	vingtième

● Les adjectifs exclamatifs (unité 7)

M. sing.	M. plur.	F. sing.	F. plur.
quel !	quels !	quelle !	quelles !

Quel beau garçon ! **Quels** élèves intelligents !
Quelle jolie fille ! **Quelles** bonnes glaces !

● Le pluriel des noms et des adjectifs (unités 2 et 7)

	singulier	pluriel
cas général		+ s
sans changement	- s	- s
	- x	- x
autres cas	- eau	+ x
	- eu	+ x
	- al	- aux

*Un élève espagnol, des élève**s** espagnol**s***
*Un vieux cartable, de vieux cartable**s***

*Un beau journal, de beau**x** journ**aux***
Attention ! *Un œil, des yeux*

● Le féminin des adjectifs (unités 1 et 7)

	masculin	féminin
cas général		+ e
sans changement	- e	- e
autres cas	- n	- nne
	-ng	- ngue
	- et	- ette
	- er	- ère
	- if	- ive
	- eux	- euse
cas particuliers	gentil	gentille
	gros	grosse
	vieux	vieille
	beau	belle
	blanc	blanche

français - française
belge - belge

italien - italienne, bon - bonne
long - longue
violet - violette
premier - première
vif - vive
sérieux - sérieuse

Précis de gr...

● Les pronoms personnels (unités 1, 2 et 7)

sujets	toniques
je / j'	moi
tu	toi
il / elle	lui / elle
nous	nous
vous	vous
ils / elles	eux / elles

sujet — complément

Moi, **je** parle.

Lui, **il** va à la plage. - **Elle** parle avec **toi**.

● Le pronom personnel *on* (unités 4 et 10)

Le pronom *on* =
ils, les gens, tout le monde
Le pronom *on* =
nous

Ici, **on** parle français.

On va au cinéma ce soir ?

● La forme négative (unités 5 et 12)

| Sujet | ne | verbe | pas |

Ou bien :

| Sujet | ne | verbe | plus, jamais, rien, que, ni... ni. |

Il **ne** mange **plus**. - Il **ne** mange **jamais**. - Il **ne** mange **rien**. - Il **ne** mange **que** des gâteaux - Il **ne** mange **ni** pain **ni** fromage.

● La forme interrogative (unités 1, 2, 3, 4, 8, 9, 10, 11 et 12)

1. Avec l'intonation ascendante — Tu viens ?
2. Avec *est-ce que...* ? — Est-ce que tu viens ?
3. Avec l'inversion du sujet — Viens-tu ?

◆ La forme interrogative avec les pronoms

Qui est-ce ? Pour les personnes Qui est-ce ? C'est Paul. Ce sont mes amis.
Qu'est-ce que c'est ? Pour les choses Qu'est-ce que c'est ? C'est un stylo. Ce sont des stylos.

◆ La forme interrogative avec les adjectifs interrogatifs

M. sing.	M. plur.	F. sing.	F. plur.
Quel ?	Quels ?	Quelle ?	Quelles ?

Quel livre... ? Quels livres... ?
Quelle gomme... ? Quelles gommes... ?

◆ La forme interrogative avec des adverbes interrogatifs

Pourquoi ? Où ? Comment ?
Pourquoi tu manges ? - **Pourquoi** est-ce que tu manges ? - **Pourquoi** manges-tu ?
Où tu vas ? - Tu vas **où** ? - **Où** est-ce que tu vas ? - **Où** vas-tu ?
Comment est votre maison ?

À la question *pourquoi* ? on répond *parce que...*
Pourquoi manges-tu ? **Parce que** j'ai faim.

● Les adverbes de quantité

très   assez   trop   + adjectif   **Très** content - **Assez** triste - **Trop** timide

beaucoup de + nom (plur.)   **Beaucoup de** livres - **Beaucoup d'**amis

Verbe + beaucoup   J'aime **beaucoup** les desserts

116

Grammaire

● L'expression du lieu (unités 3 et 8)

◆ Avec les prépositions

à	J'habite **à** Lyon. / Je vais **à** Rome.
en	J'habite **en** Bretagne. / Je vais **en** France.
dans	Je suis **dans** un collège. / J'entre **dans** la classe.
sur	Le livre est **sur** le banc. / Allons **sur** la plage.
sous	Le chat est **sous** le pull. / Le chien va **sous** la table.
chez	Je suis **chez** mes cousins. / Je vais **chez** Nicolas.
près de, du, des	L'école est **près de** la place. / L'autobus arrive **près du** café.
loin de, du, des	La gare est **loin de** la poste. / L'autobus arrive **loin du** centre-ville.
à deux pas de, du, des	J'habite **à deux pas d'**ici.

◆ Avec les adverbes

là	Elle est **là**.
ici	Je suis **ici**.
là-bas	Ils sont **là-bas**.

● L'expression du temps (unités 5 et 12)

◆ Avec les prépositions

avant	**Avant** le départ.
après	**Après** le dîner.

◆ Avec les adverbes

aujourd'hui	J'arrive **aujourd'hui**.
maintenant	Je bois **maintenant**.
après	**Après** on va jouer,
avant	mais **avant**, nous faisons nos devoirs.

● Le temps des verbes

◆ Le présent : voir les tableaux des conjugaisons (unités 5 et 6)

Verbes du 1er groupe

J'aim**e**	Nous aim**ons**
Tu aim**es**	Vous aim**ez**
Il / Elle aim**e**	Ils / Elles aim**ent**

Autres verbes : voir les tableaux des conjugaisons

◆ L'impératif (unités 6, 10 et 11)

Tu regardes	→	**Regarde !**
Vous regardez	→	**Regardez !**
Tu viens	→	**Viens !**
Vous venez	→	**Venez !**

◆ Le futur proche et le présent récent (unités 5 et 11)

- verbe **aller** + infinitif — Nous **allons manger** au restaurant.
- verbe **venir de** + infinitif — Vous **venez de faire** vos devoirs.

◆ Temps du passé (unité 12)

- Le passé composé

Hier, ils **ont mangé** au restaurant.

- L'imparfait

Avant, tous les mercredis, il **faisait** du sport.

Tableaux des

Les verbes auxiliaires

ÊTRE
Indicatif présent
Je suis
Tu es
Il / Elle est
Nous sommes
Vous êtes
Ils / Elles sont

AVOIR
Indicatif présent
J'ai
Tu as
Il / Elle a
Nous avons
Vous avez
Ils / Elles ont

Les verbes en -er

REGARDER	
Indicatif présent	**Impératif**
Je regarde	
Tu regardes	Regarde !
Il / Elle regarde	
Nous regardons	Regardons !
Vous regardez	Regardez !
Ils / Elles regardent	

Quelques particularités des verbes en -er

APPELER	
Indicatif présent	**Impératif**
J'appelle	
Tu appelles	Appelle !
Il / Elle appelle	
Nous appelons	Appelons !
Vous appelez	Appelez !
Ils / Elles appellent	

JETER	
Indicatif présent	**Impératif**
Je jette	
Tu jettes	Jette !
Il / Elle jette	
Nous jetons	Jetons !
Vous jetez	Jetez !
Ils / Elles jettent	

ACHETER	
Indicatif présent	**Impératif**
J'achète	
Tu achètes	Achète !
Il / Elle achète	
Nous achetons	Achetons !
Vous achetez	Achetez !
Ils / Elles achètent	

PRÉFÉRER	
Indicatif présent	**Impératif**
Je préfère	
Tu préfères	Préfère !
Il / Elle préfère	
Nous préférons	Préférons !
Vous préférez	Préférez !
Ils / Elles préfèrent	

conjugaisons

Quelques verbes irréguliers

ALLER	
Indicatif présent	**Impératif**
Je vais	
Tu vas	Va !
Il / Elle va	
Nous allons	Allons !
Vous allez	Allez !
Ils / Elles vont	

PARTIR	
Indicatif présent	**Impératif**
Je pars	
Tu pars	Pars !
Il / Elle part	
Nous partons	Partons !
Vous partez	Partez !
Ils / Elles partent	

VENIR	
Indicatif présent	**Impératif**
Je viens	
Tu viens	Viens !
Il / Elle vient	
Nous venons	Venons !
Vous venez	Venez !
Ils / Elles viennent	

DEVOIR
Indicatif présent
Je dois
Tu dois
Il / Elle doit
Nous devons
Vous devez
Ils / Elles doivent

POUVOIR
Indicatif présent
Je peux
Tu peux
Il / Elle peut
Nous pouvons
Vous pouvez
Ils / Elles peuvent

VOULOIR
Indicatif présent
Je veux
Tu veux
Il / Elle veut
Nous voulons
Vous voulez
Ils / Elles veulent

BOIRE	
Indicatif présent	**Impératif**
Je bois	
Tu bois	Bois !
Il / Elle boit	
Nous buvons	Buvons !
Vous buvez	Buvez !
Ils / Elles boivent	

FAIRE	
Indicatif présent	**Impératif**
Je fais	
Tu fais	Fais !
Il / Elle fait	
Nous faisons	Faisons !
Vous faites	Faites !
Ils / Elles font	

METTRE	
Indicatif présent	**Impératif**
Je mets	
Tu mets	Mets !
Il / Elle met	
Nous mettons	Mettons !
Vous mettez	Mettez !
Ils / Elles mettent	

Lexique

n. = nom ; m. = masculin ; f. = féminin ; v. = verbe ; adj. = adjectif

Français	Allemand	Anglais	Espagnol	Portugais	Grec
A abricot (n. m.)	Aprikose	apricot	albaricoque	damasco	βερίκοκο
accepter (v.)	akzeptieren	to accept, agree	aceptar	aceitar	δέχομαι , αποδέχομαι
accordéon (n. m.)	Akkordeon	accordion	acordeón	acordeão	ακορντεόν
acheter (v.)	kaufen	to buy	comprar	comprar	αγοράζω
acteur (n. m.)/actrice (n. f.)	Schauspieler/in	actor/actress	actor/actriz	actor/actriz	ηθοποιός, ο / ηθοποιός, η
action (n. f.)	Aktion	action	acción	acção	ενέργεια , δράση , πράξη
adorer (v.)	gern haben	to adore	adorar	adorar	λατρεύω , αγαπώ
adresse (n. f.)	Adresse	address	dirección	endereço, direcção	διεύθυνση
adulte (n. m.)	Erwachsene	adult, grown-up	adulto	adulto	ενήλικας
aéroport (n. m.)	Flughafen	airport	aeropuerto	aeroporto	αεροδρόμιο
affiche (n. f.)	Plakat	poster	cartel	cartaz	αφίσα
âge (n. m.)	Alter	age	edad	idade	ηλικία
agent (n. m.)	Schutzmann	policeman	guardia	polícia	πράκτορας , όργανο , αστυφύλακας
agréable (adj.)	angenehm	pleasant	agradable	agradável	ευχάριστο
aimable (adj.)	freundlich	kind	amable	gentil, amável	αγαπητός , αξιαγάπητος
aimer (v.)	lieben	to love	amar, gustar	gostar	αγαπώ
album (n. m.)	Album	album	álbum	álbum	λεύκωμα , άλμπουμ
alimentation (n. f.)	Nahrung	food	alimentación	alimentação	διατροφή
aller (v.)	gehen	to go	ir	ir	πηγαίνω
alphabet (n. m.)	Alphabet	alphabet	alfabeto	alfabeto	αλφάβητο
américain/e (adj.)	amerikanisch	American	norteamericano(a)	americano(a)	αμερικίνο (– α)
ami (n. m.)/amie (n. f.)	Freund/in	friend	amigo(a)	amigo(a)	φίλος / φίλη
amusant/e (adj.)	amusant	amusing, funny	divertido(a)	divertido(a)	διασκεδαστικός (– ή)
an (n. m.)	Jahr	year	año	ano	έτος, χρόνος
ancien/ne (adj.)	alt, ehemalig	old	antiguo(a)	antigo(a)	αρχαίος (– α) , παλιός (– ιά)
anglais/e (adj.)	englisch	English	inglés(a)	inglês(esa)	άγγλος(– ίδα)
animal (n. m.)	Tier	animal	animal	animal	ζώο
anniversaire (n. m.)	Geburtstag	birthday	cumpleaños	aniversário	γενέθλια , επέτειος
août (n. m.)	August	August	agosto	Agosto	Αύγουστος
appareil (n. m.)	Apparat	appliance	aparato	aparelho	συσκευή , μηχάνημα
appartement (n. m.)	Appartment	flat, apartment	apartamento	apartamento	διαμέρισμα
appeler (s') (v.)	heissen	to be called	llamarse	chamar(-se)	ονομάζομαι
appétit (n. m.)	Appetit	appetite	apetito	apetite	όρεξη
après-midi (n. m./f.)	Nachmittag	afternoon	tarde	tarde	απόγευμα
aquarium (n. m.)	Aquarium	aquarium	pecera	aquário	ενυδρείο
arbitre (n. m.)	Schiedsrichter	referee	árbitro	árbitro	διαιτητής
arbre (n. m.)	Baum	tree	árbol	árvore	δέντρο
argent (n. m.)	Geld	money	dinero	dinheiro	ασήμι χρήματα , λεφτά
armoire (n. f.)	Schrank	wardrobe	armario	guarda-roupa	ντουλάπι (για σκεύη)
arrivée (n. f.)	Ankunft	arrival	llegada	chegada	άφιξη
arriver (v.)	kommen	to come, arrive	llegar	chegar, vir	φθάνω
ascenseur (n. m.)	Aufzug	lift	ascensor	elevador	ασανσέρ
assis/e (adj.)	sitzen	sitting	sentado(a)	sentado(a)	καθισμένος (– η)
attendre (v.)	warten	to wait	esperar	esperar	περιμένω
au revoir (n. m.)	Auf Wiedersehen	goodbye	hasta luego	adeus	ει το επανιδείν
autobus (n. m.)	Bus	bus	autobús	autocarro	λεωφορείο
automne (n. m.)	Herbst	autumn	otoño	outono	φθινόπωρο
avion (n. m.)	Flugzeug	aeroplane	avión	avião	αεροπλάνο
avoir (v.)	haben	to have	tener	ter	έχω
avril (n. m.)	April	April	abril	Abril	Απρίλιο
B bagages (n. m. pl.)	Gepäck	luggage	equipaje	bagagens	αποσκευές
baladeur (n. m.)	Walkman	Walkman	Walkman	walk-man	γουόκμαν
balcon (n. m.)	Balkon	balcony	balcón	varanda	μπαλκόνι
ballon (n. m.)	Ball	ball	pelota	bola	μπαλόνι
banane (n. f.)	Banane	banana	plátano	banana	μπανάνα
bandit (n. m.)	Bandit	robber, bandit	bandido	bandido	ληστής , κακοποιός
bar (n. m.)	Bar	bar	bar	bar	μπαρ
barbe (n. f.)	Bart	beard	barba	barba	γενειάδα , γένεια
baskets (n. f. pl.)	Turnschuhe	trainers	zapatillas	ténis (m. pl.)	παπούτσια του μπάσκετ , αθλητικά παπούτσια
bateau (n. m.)	Boot	boat	barco	barco	πλοίο , σκάφος
batterie (n. f.)	Schlagzeug	drums	batería	bateria	ντραμς
beau/belle (adj.)	schön	handsome, beautiful	hermoso(a)	belo(a)	ωραίος(– α)
beige (adj.)	beige	beige	beige	bege	μπεζ
belge (adj.)	belgisch	Belgian	belga	belga	βέλγος
beurre (n. m.)	Butter	butter	mantequilla	manteiga	βούτυρο
bibliothèque (n. f.)	Bücherei	library	bibioteca	biblioteca	βιβλιοθήκη
billet (n. m.)	Ticket	ticket	billete	bilhete	εισιτήριο
biscuits (n. m. pl.)	Gebäck	biscuits	bizcocho	biscoito(s)	μπισκότα
blanc/blanche (adj.)	weiss	white	blanco(a)	branco(a)	άσπρος (– η)

bleu/e (adj.)	blau	blue	azul	azul	μπλε, ο, (η)
blond/e (adj.)	blond	blond	rubio(a)	louro(a)	ξανθός (– ια)
blouson (n. m.)	Blouson	blouson-style jacket	cazadora	jaqueta	μπουφάν
boire (v.)	trinken	to drink	beber	beber	πίνω
bois (n. m.)	Holz	wood	madera	madeira	δάσος
boisson (n. f.)	Getränk	drink	bebida	bebida	ρόφημα, ποτό, αναψυκτικό
boîte (n. f.)	Schachtel	box	caja	caixa	κουτί
bol (n. m.)	Schüssel	bowl	tazón	tigela	δοχείο, μπολ
bon/bonne (adj.)	gut	good	bueno(a)	bom (boa)	καλός (– η)
bonbon (n. m.)	Bonbon	sweet, candy	caramelo	rebuçado	καραμέλα
bonjour (n. m.)	Hallo	hello	buenos días	bom dia	καλημέρα
bouche (n. f.)	Mund	mouth	boca	boca	στόμα
bouger (v.)	bewegen	to move	mover	mover(-se)	κινούμαι
bouteille (n. f.)	Flasche	bottle	botella	garrafa	μποκάλι
boutique (n. f.)	Geschäft	shop	tienda	loja	κατάστημα, μαγαζί
bras (n. m.)	Arm	arm	brazo	braço	χέρι, μπράτσο, βραχίονας
brosse à dents (n. f.)	Zahnbürste	toothbrush	cepillo de dientes	escova de dentes	οδοντόβουρτσα
bruit (n. m.)	Lärm, Geräusch	noise	ruido	barulho	θόρυβος, φασαρία
brun/e (adj.)	braun(haarig)	dark-haired, brunette	moreno(a)	moreno(a)	μελαχρινός (– η)
bureau (n. m.)	Schreibtisch	desk	escritorio	escrivaninha	γραφείο
buvette (n. f.)	(Getränke)kiosk	refreshment stall	quiosco de bebidas	bar	κυλικείο, καντίνα
C					
cadeau (n. m.)	Geschenk	present, gift	regalo	prenda	δώρο
café (n. m.)	Kaffee	coffee	café	café	καφενείο, καφέ
cahier (n. m.)	Heft	exercise book	cuaderno	caderno	τετράδιο
caissière (n. f.)	Kassiererin	cashier	cajera	caixa	ταμίας, η
calculer (v.)	kalkulieren	to calculate	calcular	calcular	υπολογίζω
caleçon (n. m.)	Unterhose	boxer shorts	calzoncillos	cuecas	σώβρακο, κολλάν
calme (adj.)	ruhig	calm	tranquilo(a)	calmo(a)	ήρεμος, ήσυχος
campagne (n. f.)	Land (aufs gehen)	country(side)	campo	campo	εξοχή
canadien/ne (adj.)	kanadisch	Canadian	canadiense	canadiano(a)	καναδός (– ή)
car (n. m.)	Reisebus	coach	coche	camioneta	πούλμαν, υπεραστικό λεωφορείο, αυτοκίνητο
caractère (n. m.)	Charakter	character	carácter	carácter	χαρακτήρας
carnet (n. m.)	Notizbuch	notebook	libreta	caderneta	σημειωματάριο
carte (n. f.)	Landkarte	map	mapa	mapa	χάρτης
carte postale (n. f.)	Postkarte	post card	tarjeta	bilhete-postal	ταχυδρομική κάρτα, καρτ – ποστάλ
casquette (n. f.)	Schirmmütze	cap	gorra	boné	κασκέτο, τραγιάσκα
célèbre (adj.)	berühmt	famous	célebre	célebre	διάσημος
centime (n. m.)	Centime, Pfennig	centime, penny	centavo	centavo	σαντίμ, υποδιαίρεση (το ένα εκατοστό) του φράγκου
centre (n. m.)	Zentrum	centre	centro	centro	κέντρο
centre-ville (n. m.)	Stadtzentrum	town/city centre	centro	centro da cidade	κέντρο της πόλης
chaîne hi-fi (n. f.)	Stereoanlage	hi-fi system	equipo de alta fidelidad	aparelhagem de som	στερεοφωνικό συγκρότημα, HI – FI
chaise (n. f.)	Stuhl	chair	silla	cadeira	καρέκλα
chalet (n. m.)	Chalet	chalet	chalé	chalé	ξύλινο εξοχικό σπίτι
chambre (n. f.)	Schlafzimmer	bedroom	dormitorio	quarto	δωμάτιο
championnat (n. m.)	Meisterschaft	championship	campeonato	campeonato	αγώνες για ανάδειξη πρωταθλητή
chanson (n. f.)	Lied, Song	song	canción	canção	τραγούδι
chanter (v.)	singen	to sing	cantar	cantar	τραγουδώ
chanteur (n. m.)	Sänger	singer	cantor	cantor	τραγουδιστής
chariot (n. m.)	Caddy	trolley	carrito	carrinho	καρότσι
château (n. m.)	Schloss	castle, palace	castillo	castelo	κάστρο
chaud/e (adj.)	warm	warm, hot	calor(m)	quente (está calor)	ζεστός (– η)
chaussettes (n. f. pl.)	Socken	socks	calcetines	peúgas	κάλτσες
chaussures (n. f. pl.)	Schuhe	shoes	zapatos	calçados	παπούτσια
cheminée (n. f.)	Kamin	fireplace	chimenea	lareira	τζάκι, καπνοδόχος
chemise (n. f.)	Hemd	shirt	camisa	camisa	πουκάμισο
chemise de nuit (n. f.)	Nachthemd	nightshirt	camisa de dormir	camisa de dormir	νυχτικό
cher/chère (adj.)	teuer	expensive	caro(a)	caro(a)	ακριβός (– ή)
chercher (v.)	suchen	to look for	buscar	procurar	ψάχνω
cheval (n. m.)	Pferd	horse	caballo	cavalo	άλογο
cheveux (n. m. pl.)	Haar	hair	pelo	cabelo(s)	μαλλιά
chien (n. m.)	Hund	dog	perro	cão	σκύλος
chocolat (n. m.)	Schokolade	chocolate	chocolate	chocolate	σοκολάτα
ciel (n. m.)	Himmel	sky	cielo	céu	ουρανός
cinéma (n. m.)	Kino	cinema	cine	cinema	κινηματογράφος
citron (n. m.)	Zitrone	lemon	limón	limão	λεμόνι
clair/e (adj.)	hell	bright	claro(a)	claro(a)	φωτεινός (– ή), λαμπρός (– ή), ανοιχτός (– η) (στο χρώμα)
classe (n. f.)	Klasse	class	clase	classe	τάξη
classique (adj.)	klassisch	classical	clásica	clássico(a)	κλασσικός
client (n. m.)/**cliente** (n. f.)	Kunde/Kundin	customer, client	cliente	freguês(esa)	πελάτης, ο / πελάτης, η
coin (n. m.)	Ecke	corner	rincón	canto	γωνία
collant (n. m.)	Strumpfhose	pair of tights	medias	collants (m. pl.)	καλσόν
collège (n. m.)	Realschule	secondary school	instituto de segunda enseñanza	colégio	σχολείο, λύκειο, γυμνάσιο
comédien (n. m.)/**comédienne** (n. f.)	Schauspieler/in	actor/actress	actor/actriz	actor/actriz	ηθοποιός, ο / ηθοποιός, η
comique (adj.)	lustig	humorous, comedy	cómico(a)	cómico	κωμικός, αστείος
commencer (v.)	beginnen	to start	comenzar	começar	αρχίζω
concert (n. m.)	Konzert	concert	concierto	concerto	συναυλία, κονσέρτο

confiture (n. f.)	Marmelade	jam	dulce	marmelada	μαρμελάδα
connaître (v.)	kennen	to know	conocer	conhecer	γνωρίζω, ξέρω
consonne (n. f.)	Konsonant	consonant	consonante	consoante	σύμφωνο (στη γραμματικη)
construire (v.)	bauen	to build	construir	construir	χτίζω, κατασκευαζω
content/e (adj.)	zufrieden	happy, pleased	contento(a)	contente	ικανοποιημενος (– η)
contraire (adj.)	Gegenteil	opposite	contrario	contrário	ενάντιος, αντίθετος
contrôleur (n. m.)	Kontrolleur	ticket inspector	revisor	revisor	ελεγκτής
copain (n. m.)/copine (n. f.)	Freund/in	friend, mate	compañero(a)	camarada	φίλος, φιλαράκος / φίλη, φιλενάδα
correspondant (n. m.)/ correspondante (n. f.)	Brieffreund	penfriend	persona con quien uno se cartea	correspondente	παραλήπτης, συνομιλητής / παραλήπτρια, συνομιλήτρια
costume (n. m.)	Tracht	costume	traje	trajo	κοστούμι
côte (n. f.)	Küste	coast	costa	costa	πλευρά
cou (n. m.)	Hals	neck	cuello	pescoço	λαιμός
coude (n. m.)	Ellbogen	elbow	codo	cotovelo	αγκώνας
couleur (n. f.)	Farbe	colour	color	cor	χρώμα
couper (v.)	schneiden	to cut	cortar	cortar	κόβω
courses (n. f. pl.)	Einkäufe	shopping	compras	compras	ψώνια, αγορες
court/e (adj.)	kurz	short	corto(a)	curto(a, s)	κοντός (– η)
cousin (n. m.)/cousine (n. f.)	Cousin	cousin	primo(a)	primo(a)	εξάδερφος / εξαδερφη
coûter (v.)	kosten	to cost	costar	custar	κοστιζω
couvert, (mettre le -) (v.)	den Tisch decken	to lay the table	poner la mesa	pôr a mesa	στρώνω το τραπεζι
craie (n. f.)	Kreide	chalk	tiza	giz	κιμωλία
crayon (n. m.)	Bleistift	pencil	lápiz	lápis	μολύβι
crème (n. f.)	Creme	cream	nata	natas	κρέμα
crêpe (n. f.)	Pfannkuchen	pancake	pancake	crepe	κρέπα, τηγανίτα
croire (v.)	glauben	to think, believe	creer	achar, crer	νομίζω
croissant (n. m.)	Croissant	croissant	medialuna	croissant	κρουασάν
cuillère (n. f.)	Löffel	spoon	cuchara	colher	κουτάλι
cuisine (n. f.)	Küche	kitchen	cocina	cozinha	κουζίνα
cuisine (faire la -) (v.)	kochen	to do the cooking	preparar la comida	cozinhar	μαγειρευω
culotte (n. f.)	kurze Hose, Slip	panties	bragas	cuecas de senhora	κυλότα
D danse (n. f.)	Tanz	dance	baile	dança	χορός
danseur (n. m.)	tanzen	danser	bailarín	dançarino	χορευτής
date (n. f.)	Datum	date	fecha	data	ημερομηνία
décembre (n. m.)	Dezember	December	diciembre	Dezembro	Δεκεμβρης
déjeuner (n. m.)	Mittagessen	lunch, breakfast	almuerzo	almoço	(προ)γευματίζω, τρώω μεσημεριανό φαγητό
demi/e (adj.)	halb	half	media	meio(a)	μισός (– η)
départ (n. m.)	Abfahrt	departure	salida	partida	αναχωρηση
dépêcher (se) (v.)	beeilen, sich	to hurry	tener prisa	apressar-se	εμποδίζω
désolé/e (adj.)	tut mir leid	sorry	lo siento	sinto muito	θλιμμενος
désordre (n. m.)	Durcheinander	disorder	desorden	desordem	ακαταστασια, αταξία, σύγχιση
dessert (n. m.)	Nachtisch	dessert, pudding	postre	sobremesa	επιδόρπιο
dessin (n. m.)	Zeichnung	drawing	dibujo	desenho	σχέδιο, σκίτσο
dessiner (v.)	zeichnen	to draw	diseñar	desenhar	σχεδιάζω
destination (n. f.)	Ziel	destination	destino	destino	προορισμός, κατεύθυνση
détester (v.)	verabscheuen	to hate	detestar	detestar	απεχθάνομαι, αποστρεφομαι
devoir (n. m.)	Hausaufgabe	homework	deber	dever	καθήκον, χρέος | σχολικη εργασία για το σπίτι
devoir (v.)	müssen	to have to	deber	dever	οφείλω
dialogue (n. m.)	Dialog	dialogue	diálogo	diálogo	διάλογος
différence (n. f.)	Unterschied	difference	diferencia	diferença	διαφορά
difficile (adj.)	schwierig	difficult	difícil	difícil	δύσκολος
dimanche (n. m.)	Sonntag	Sunday	domingo	domingo	Κυριακή
direction (n. f.)	Richtung	direction	dirección	direcção	κατεύθυνση, διεύθυνση
discothèque (n. f.)	Diskothek	discotheque	discoteca	discoteca	ντισκοτέκ
disque (n. m.)	Schallplatte	record	disco	disco	δίσκος
documentation (n. f.)	Unterlagen	documentation	documentación	documentação	συγκέντρωση η παροχή ενημερωτικων στοιχειων γυρω από ένα θεμα
doigt (n. m.)	Finger	finger	dedo	dedo	δάχτυλο
dominos (n. m. pl.)	Dominosteine	dominoes	dominó	dominó	ντόμινο (παιγνιδι)
donner (v.)	geben	to give	dar	dar	δίνω
dormir (v.)	schlafen	to sleep	dormir	dormir	κοιμάμαι
dos (n. m.)	Rücken	back	espalda	costas (f.pl.)	πλάτη
droit/e (adj.)	geradeaus	straight (ahead)	derecho(a)	directo(a)	δεξιός (– ιά)
droite (n. f.)	rechts	right	derecha	direita	η δεξιά πλευρά, κατευθυνση προς τα δεξιά
drôle (adj.)	lustig	funny	curioso	engraçado(a) (tem graça)	αστείος
dynamique (adj.)	dynamisch	dynamic	dinámico(a)	dinâmico(a)	δυναμικός, ζωηρός
E eau (n. f.)	Wasser	water	agua	água	νερό
écharpe (n. f.)	Schal	scarf	bufanda	lenço (de pescoço)	κασκόλ
école (n. f.)	Schule	school	escuela	escola	σχολείο
éducation (n. f.)	Erziehung	education	educación	educação	εκπαίδευση
église (n. f.)	Kirche	church	iglesia	igreja	εκκλησία
élégant/e (adj.)	elegant	elegant	elegante	elegante	κομψός (– η)

élève (n. m./f.)	Schüler	pupil, student	alumno(a)	aluno(a)	μαθητής
embrasser (s') (v.)	umarmen, sich	to kiss	abrazar, besar	beijar(-se)	αγκαλιαζω
émission (n. f.)	Sendung	programme	programa	emissão	εκπομπή
emploi du temps (n. m.)	Stundenplan	timetable	programa de trabajo	horário	πρόγραμμα
enchanté/e (adj.)	erfreut	delighted	encantado(a)	muito prazer	γοητευμένος (– η) , πολυ ευχαριστημένος (– η)
enfant (n. m./f.)	Kind	child	niño	criança	παιδί
enregistrement (n. m.)	Aufnahme	recording	grabación	gravação	καταγραφή , εγγραφή , ηχογραφηση
entendre (v.)	hören	to hear	escuchar	ouvir	ακούω
entrée (n. f.)	Eingang	entrance hall	entrada	saguão	είσοδος
entrer (v.)	hineingehen	to go into	entrar	entrar	μπαίνω
envie (avoir -) (v.)	Lust haben	to want, fancy	ganas, tener -	vontade, ter -	επιθυμώ
épais/se (adj.)	dick	thick	espeso(a)	espesso(a)	πυκνός (– η)
épaule (n. f.)	Schulter	shoulder	hombro	ombro(s)	ώμος
épeler (v.)	buchstabieren	to spell	deletrear	soletrar	συλλαβίζω
épinards (f.pl.)	Spinat	spinach	espinaca	espinafre	σπανάκι
équipe (n. f.)	Team	team	equipo	equipa	ομάδα
espagnol/e (adj.)	spanisch	Spanish	español(a)	espanhol(a)	ισπανός (– ιδα)
est (n. m.)	Osten	east	este	Leste	ανατολή
étage (n. m.)	Stock	floor, storey	piso	andar	όροφος , πάτωμα
été (n. m.)	Sommer	summer	verano	Verão	καλοκαίρι
être (v.)	sein	to be	ser	ser	είμαι
européen/ne (adj.)	europäisch	European	europeo(a)	europeu(eia)	ευρωπαίος (–α)
excuser (s') (v.)	Entschuldigen	to apologize	disculparse	desculpar(-se)	παντρευομαι
exercice (n. m.)	Übung	exercise	ejercicio	exercício	ασκηση
extérieur/e (adj.)	ausserhalb	outside (the home)	afuera (adv.)	fora	εξωτερικός (– η)
faim (n. f.)	Hunger	hunger	hambre	fome	πείνα
faire (v.)	machen (warm sein)	to make (to be warm)	hacer (hace calor)	fazer (estar quente)	κάνω
famille (n. f.)	Familie	family	familia	família	οικογένεια
farine (n. f.)	Mehl	flour	harina	farinha	αλεύρι
fatigué/e (adj.)	müde	tired	cansado(a)	cansado(a)	κουρασμένος (– η)
fauteuil (n. m.)	Sessel	armchair	sillón	poltrona	πολυθρόνα
féminin/e (adj.)	weiblich	feminin	femenino(a)	feminino(a)	θηλυκός (– ια)
femme (n. f.)	Frau	woman	mujer	mulher	γυναίκα
fenêtre (n. f.)	Fenster	window	ventana	janela	παράθυρο
ferme (n. f.)	Bauernhof	farm	granja	fazenda	αγροικία
février (n. m.)	Februar	February	febrero	Fevereiro	Φεβρουάριος
fille (n. f.)	Mädchen, Tochter	girl, daughter	chica, hija	rapariga, filha	κόρη
film (n. m.)	Film	film	película	filme	ταινία , φιλμ
fils (n. m.)	Sohn	son	hijo	filho	γιος
fin/e (adj.)	dünn	thin, fine	fino(a)	fino(a)	λεπτός (– η)
fleur (n. f.)	Blume	flower	flor	flor	λουλούδι
flûte (n. f.)	Flöte	flute	flauta	flauta	φλάουτο
fois (n. f.)	Mal	time	vez	vez	φορά
forêt (n. f.)	Wald	forest	bosque	floresta	δάσος
fort/e (adj.)	stark	strong	fuerte	forte	δυνατός (– ή)
foulard (n. m.)	Halstuch	headscarf	pañuela para el cuello o la cabeza	lenço (de cabeça)	μαντίλι
four (n. m.)	Ofen	oven	horno	forno	φούρνος
franc (n. m.)	Franc	franc	franco	franco	φράγκο
français/e (adj.)	französisch	French	francés(a)	francês(esa)	γάλλος (– ιδα)
frapper (v.)	überraschen	to strike	impresionar	surpreender	χτυπάω
frère (n. m.)	Bruder	brother	hermano	irmão	αδερφός
frigidaire (n. m.)	Kühlschrank	fridge	nevera	frigorífico	ψυγείο
frisé/e (adj.)	gelockt	curly	rizado(a)	crespo(a,s)	σγουρός
frites (n. f. pl.)	Pommes	chips, French fries	patatas fritas	batatas fritas	τηγανητές πατάτες
froid/e (adj.)	kalt	cold	frío(a)	frio(a)	κρύος
fromage (n. m.)	Käse	cheese	queso	queijo	τυρί
fruit (n. m.)	Frucht, Obst	fruit	fruta	fruta	φρούτο
gagner (v.)	gewinnen	to gain	ganar	ganhar	νικώ
garçon (n. m.)	Junge	boy	muchacho	rapaz	αγόρι
gardien (n. m.)	Torhüter	goalkeeper	portero	guarda-redes	φύλακας
gare (n. f.)	Bahnhof	station	estación	estação	σταθμός
gâteau (n. m.)	Kuchen	cake	tarta	bolo	γλυκό
gauche (n. f.)	links	left	izquierda	esquerda	η αριστερη πλευρά , κατεύθυνση προς τα αριστερά
généreux/généreuse (adj.)	grosszügig	generous	generoso(a)	generoso(a)	γενναιόδωρος , μεγαλόψυχος
génial/e (adj.)	toll	fantastic	genial, estupendo	giro(a)	μεγαλοφυής (– η) , φανταστικός (– ή)
genou (n. m.)	Knie	knee	rodilla	joelho	γόνατο
gens (m.pl.)	Leute	people	gente	gente (f.sing.)	άνθρωποι
gentil/gentille (adj.)	freundlich	kind	amable	amável	ευγενικός (– η)
glace (n. f.)	Eis	ice cream	helado	gelado	παγωτό
glaçon (n. m.)	Eiswürfel	ice cube	cubito de hielo	gelo	πάγος , παγάκι
gomme (n. f.)	Radiergummi	rubber, eraser	goma	borracha	γόμμα
gourmand/e (adj.)	naschhaft	greedy	goloso(a)	guloso(a)	λαίμαργος (– η)
goût (n. m.)	Geschmack	taste	gusto	gosto	γεύση , επιθυμία , όρεξη , γούστο
goûter (n. m.)	Zwischenmahlzeit zu sich nehmen	snack	merienda	merenda	μικρό απογευματινό γεύμα
goûter (v.)	Zwischenmahlzeit				

	einnehmen	to have a snack	merendar	merendar	γεύομαι, δοκιμάζω
grand/e (adj.)	gross	tall	alto(a)	grande	μεγάλος(-η)
grand-mère (n. f.)/					
grand-père (n. m.)	Grossmutter, Grossvater	grandmother/father	abuela/o	avó (n. f.) / avô (n. m.)	γιαγιά / παππούς
grands-parents (n. m. pl.)	Grosseltern	grandparents	abuelos	avós (f., m. pl.)	παππούς και γιαγιά
gris/e (adj.)	grau	grey	gris	grisalho(a,s)	γκρίζος(-α)
gros/grosse (adj.)	dick	fat	gordo(a)	gordo(a)	χοντρός(-η), παχυς(-ια)
groupe (n. m.)	Gruppe	group	grupo	grupo	ομάδα, γκρουπ
guichet (n. m.)	Schalter	ticket office	ventanilla	bilheteira	θυρίδα, ταμείο
guitare (n. f.)	Guitarre	guitar	guitarra	guitarra	κιθάρα
H **habiter** (v.)	wohnen	to live	vivir	morar	κατοικώ, μενω
haut/e (adj.)	hoch	tall	alto(a)	alto(a)	ψηλός(-η)
herbe (n. f.)	Gras	grass	hierba	relva	χλόη, χορτάρι
heure (n. f.)	Uhr, Uhrzeit, Stunde	hour, time, o'clock	hora	hora	ώρα
hiver (n. m.)	Winter	winter	invierno	inverno	ώνας
homme (n. m.)	Mensch	man	hombre	homem	άνθρωπος | άντρα
hôtel (n. m.)	Hotel	hotel	hotel	hotel	ξενοδοχείο
hôtesse (n. f.)	Hostesse	hostess	azafata, recepcionista	hospedeira	(αερο)συνοδός, η
huile (n. f.)	Öl	oil	aceite	óleo	λάδι
I **idée** (n. f.)	Idee	idea	idea	ideia	ιδεα
identité (n. f.)	Identitat	identity	identidad	identidade	ταυτότητα
imaginer (v.)	vorstellen	to imagine	imaginar	imaginar	φαντάζομαι
immeuble (n. m.)	Wohnhaus	building, block of flats	edificio	prédio	πολυκατοικία
important/e (adj.)	Wichtig	important	importante	importante	σημαντικός(-ή)
incroyable (adj.)	unglaublich	incredible	increible	incrível	απίστευτος
indication (n. f.)	Hinweis	signposting	indicación	sinalização	ενδειξη
inquiet/inquiète (adj.)	beunruhigt	worried	inquieto(a)	preocupado(a)	ανήσυχος(-)
instrument (n. m.)	Instrument	instrument	instrumento	instrumento	όργανο
intéressant/e (adj.)	interessant	interesting	interesante	interessante	ενδιαφέρων (- ουσα)
invitation (n. f.)	Einladung	invitation	invitación	convite	πρόσκληση
inviter (v.)	einladen	to invite	invitar	convidar	προσκαλώ
italien/italienne (adj.)	italienisch	Italian	italiano(a)	italiano(a)	ιταλός (-ιδα)
J **jambon** (n. m.)	Schinken	ham	jamón	fiambre	ζαμπόν
janvier (n. m.)	Januar	January	enero	Janeiro	Ιανουαριος
jardin (n. m.)	Garten	garden	jardín	jardim	κήπος
jaune (adj.)	gelb	yellow	amarillo(a)	amarelo(a)	κίτρινος
jean (n. m.)	Jeans	pair of jeans	vaquero	calças de ganga	τζην
jeu (n. m.)	Spiel	game	juego	jogo	παιγνίδι
jeudi (n. m.)	Donnerstag	Thursday	jueves	quinta-feira	Πεμπτη
jeune (adj.)	jung	young	joven	jovem	νεος
joli/e (adj.)	hübsch	pretty	bonito(a)	bonito(a)	όμορφος (-η)
jouet (n. m.)	Spielzeug	toy	juguete	brinquedo	παιγνίδι, παιγνιδάκι
joueur (n. m.)	Spieler	player	jugador	jogador	παίχτης
jour (n. m.)	Tag	day	día	dia	ημερα
journal (n. m.)	Zeitung	newspaper	periódico	jornal	εφημερίδα
journaliste (n. m./f.)	Journalist	journalist	periodista	jornalista	δημοσιογράφος, (ο / η)
juillet (n. m.)	Juli	July	julio	Julho	Ιούλιος
juin (n. m.)	Juni	June	junio	Junho	Ιούνιος
jupe (n. f.)	Rock	skirt	falda	saia	φούστα
jus (n. m.)	Saft	juice	jugo	sumo	χυμος
L **lac** (n. m.)	See	lake	lago	lago	λίμνη
lait (n. m.)	Milch	milk	leche	leite	γάλα
lampe (n. f.)	Lampe	lamp	lámpara	lâmpada	λάμπα
langue (n. f.)	Sprache	language	lengua	língua	γλώσσα
latin (n. m.)	Latein	latin	latín	latim	λατινικά
lecteur (n. m.)	CD Recorder	player	lector	leitor de CDs	αναγνώστης
légumes (n. m. pl.)	Gemüse	vegetables	legumbres	legumes, verduras	λαχανικά
lettre (n. f.)	Brief	letter	carta	letra	γράμμα, επιστολή
libraire (n. f.)	Buchhandlung	bookshop	librero	livreiro	βιβλιοπώλης
libre (adj.)	frei	free	libre	desocupado(a), livre	ελευθερος
lieu (n. m.)	Platz	place	lugar	lugar	τόπος
liste (n. f.)	Liste	list	lista	lista	καταλογος, λίστα
lit (n. m.)	Bett	bed	cama	cama	κρεβάτι
litre (n. m.)	Liter	litre	litro	litro	λίτρο
livre (n. m.)	Buch	book	libro	livro	βιβλίο
long/longue (adj.)	lang	long	largo(a)	longo(a,s)	μακρύς (-ια)
lourd/e (adj.)	schwer	heavy	pesado(a)	pesado(a)	βαρύς (-ια)
lumière (n. f.)	Licht	light	luz	luz	φως
lundi (n. m.)	Montag	Monday	lunes	segunda-feira	Δευτερα
lunettes (n. f. pl.)	Brille	glasses	gafas	óculos	γυαλιά
lycée (n. m.)	Gymnasium	secondary school	instituto de segunda enseñanza	liceu	λύκειο

M	**madame** (n. f.)	Frau	madam, Mrs	señora	senhora, Sra.	κυρία
	magasin (n. m.)	Geschäft	shop, store	almacén	loja	κάταστημα, μαγαζί
	magnifique (adj.)	wunderbar	magnificent	magnífico(a)	magnífico(a)	εξαίσιος, υπεροχος
	mai (n. m.)	Mai	May	mayo	Maio	Μάιος
	maillot (n. m.)	T-shirt	T-shirt	camiseta	T-shirt	μαγιώ, μπανιερό
	maillot de bain (n. m.)	Badeanzug	swimming costume	bañador	fato de banho	μαγιώ, μπανιερό, φανελάκι
	main (n. f.)	Hand	hand	mano	mão	χερι
	mairie (n. f.)	Stadtamt	town hall	ayuntamiento	câmara municipal	δημαρχειο
	maison (n. f.)	Haus	house	casa	casa	σπίτι
	malade (adj.)	krank	ill, sick	enfermo(a)	doente	αρρωστος
	maman (n. f.)	Mama	mother, mum	mamá	mamã	μαμά
	manger (v.)	essen	to eat	comer	comer	τρώω
	marcher (v.)	gehen	to walk	caminar	andar	περπαταω
	mardi (n. m.)	Dienstag	Tuesday	martes	terça-feira	Τρίτη
	mari (n. m.)	Ehemann	husband	marido	marido	σύζυγος
	mars (n. m.)	März	March	marzo	Março	Μάρτιος
	masculin/e (adj.)	männlich	masculin	masculino(a)	masculino(a)	αρσενικός (–ιά)
	match (n. m.)	Spiel	match	partido	jogo	αγώνας, ματς
	maternel/maternelle (adj.)	Kindergarten	nursery (school)	(escuela) de párvulos	jardim-escola	μητρικός (–η)
	maths (n. f. pl.)	Mathemetik	maths	matemáticas	matemática	μαθηματικά
	matin (n. m.)	Morgen	morning	la mañana	manhã	πρωί
	mauvais/e (adj.)	schlecht	bad	malo(a)	mau(má)	κακός (–ιά), αθλιος (–α)
	méchant/e (adj.)	böse	nasty, aggressive	avieso(a)	mau(má)	κακός (–ιά), ασχημος (–η)
	médecin (n. m.)	Arzt	doctor	médico	médico(a)	γιατρός
	meilleur/e (adj.)	Beste	the best	mejor, el -	melhor (o -,a -)	καλύτερος (–η)
	mer (n. f.)	Meer	sea	mar	mar	θάλασσα
	merci (n. f.)	danke	thank you	gracias	obrigado(a)	ευχαριστώ
	mercredi (n. m.)	Mittwoch	Wednesday	miércoles	quarta-feira	Τετάρτη
	mère (n. f.)	Mutter	mother	madre	mãe	μητερα
	mettre (v.)	legen, stellen	to put	poner	pôr	βάζω, τοποθετώ
	meuble (n. m.)	Möbelstück	piece of furniture	mueble	móvel	επιπλο
	mignon/mignonne (adj.)	niedlich, süss	cute, pretty	lindo(a)	bonitinho(a)	λεπτός (–η), ευγενικός (–η), χαριτωμενος (–η)
	mince (adj.)	dünn	slim	delgado(a)	esbelto(a)	λεπτός, αδυνατος
	minute (n. f.)	Minute	minute	minuto	minuto	το λεπτό (της ωρας)
	moderne (adj.)	modern	modern	moderno(a)	moderno(a)	μοντερνος
	mois (n. m.)	Monat	month	mes	mês	μήνας
	monde (n. m.)	Welt	world	mundo	mundo	κοσμος
	monsieur (n. m.)	Herr	gentleman, Mr	señor	senhor, Sr.	κύριος
	montagne (n. f.)	Gebirge	mountain	montaña	montanha	βουνό
	monter (v.)	klettern	to climb (in)	subir	subir	ανεβαίνω
	morceau (n. m.)	Stück	piece	trozo	pedaço	κομμάτι
	mot (n. m.)	Wort	word	palabra	palavra	λεξη
	moustaches (n. f. pl.)	Schnurrbart	moustache	bigote	bigode	μουστάκια
	moutarde (n. f.)	Senf	mustard	mostaza	mostarda	μουστάρδα
	mur (n. m.)	Wand, Mauer	wall	pared	parede	τοίχος
	musique (n. f.)	Musik	music	música	música	μουσική
N	**nager** (v.)	schwimmen	to swim	nadar	nadar	κολυμπώ
	natation (n. f.)	Schwimmen	swimming	natación	natação	κολυμβηση
	nationalité (n. f.)	Nationalität	nationality	nacionalidad	nacionalidade	εθνικότητα
	nature (n. f.)	Natur	nature	naturaleza	natureza	φύση
	nez (n. m.)	Nase	nose	nariz	nariz	μύτη
	nom (n. m.)	Name	name	apellido	nome	όνομα
	nord (n. m.)	Norden	north	norte	Norte	βορρας
	normal/e (adj.)	normal	normal	normal	normal, natural	κανονικός
	nourriture (n. f.)	Nahrung	food	alimento	comida	τροφή
	nouveau/nouvelle (adj.)	neu	new	nuevo(a)	novo(a)	καινουριος (–α), νεος (–α)
	novembre (n. m.)	November	November	noviembre	Novembro	Νοεμβριος
	nuit (n. f.)	Nacht	night	noche	noite	νύχτα
	numéro (n. m.)	Nummer	number	número	número	αριθμός, νούμερο
O	**objet** (n. m.)	Objekt	object	objeto	objecto	αντικειμενο
	octobre (n. m.)	Oktober	October	octubre	Outubro	Οκτώβριος
	œil (n. m.)	Auge	eye	ojo	olho	μάτι
	œufs (n. m.)	Eier	eggs	huevos	ovo(s)	αυγά
	offrir (v.)	schenken	to offer	ofrecer	oferecer	προσφερω
	oiseau (n. m.)	Vogel	bird	pájaro	pássaro	πουλί, πτηνό
	olive (n. f.)	Olive	olive	oliva	azeitona	ελιά
	omelette (n. f.)	Omlett	omelette	tortilla	omeleta	ομελετα
	oncle (n. m.)	Onkel	uncle	tío	tio	θείος
	orange (n. f.)	Orange	orange	naranja	laranja	πορτοκάλι
	ordre (n. m.)	Reihenfolge	order	orden	ordem	τάξη, σειρά
	oreille (n. f.)	Ohr	ear	oreja	orelha	αυτί
	oreiller (n. m.)	Kopfkissen	pillow	almohada	travesseiro	μαξιλάρι
	orthographe (n. f.)	Rechtschreibung	spelling	ortografía	ortografia	ορθογραφία
	oublier (v.)	vergessen	to forget	olvidar	esquecer	ξεχνώ
	ouest (n. m.)	Westen	west	oeste	Oeste	δύση

P	pain (n. m.)	Brot	bread	pan	pão	ψωμί
	panne (en -) (n. f.)	kaputt sein	out of order	avería	avariado(a)	βλάβη
	panneau (n. m.)	Schild	road sign	señal	sinal	πινακίδα, ταμπέλα
	pantalon (n. m.)	Hose	trousers	pantalón	calças	παντελόνι
	pantoufles (n. f. pl.)	Hausschuhe	slippers	pantuflas	chinela	παντόφλες
	papa (n. m.)	Papa	dad	papá	papá	μπαμπάς
	papeterie (n. f.)	Schreibwarengeschäft	stationer's shop	papelería	papelaria	χαρτοπωλειο
	pardon (n. m.)	Entschuldigung	sorry	perdón, perdone	desculpa(e)	συγχώρεση
	parents (n. m. pl.)	Eltern	parents	padres	pais	γονείς
	parfum (n. m.)	Parfum	perfume	perfume	perfume	αρωμα, μυρωδιά
	parler (v.)	sprechen	to speak	hablar	falar	μιλω
	partir (v.)	verlassen	to leave	salir	partir	φευγω
	pâte (n. f.)	Teig	batter	masa	massa	ζυμάρι, πολτός, ζυμη
	pâté (n. m.)	Wurst, Pastete	pâté	pâté	paté	κρεατόπιτα, πατε
	pâtes (n. f. pl.)	Nudeln	pasta	pastas	massas	ζυμαρικα, μακαρόνια
	pays (n. m.)	Land	country	país	país	χώρα, πατριδα
	paysage (n. m.)	Landschaft	landscape	paisaje	paisagem	τοπίο
	paysan/ne (adj.)	vom Land	country-style, rustic	campesino(a)	rústico(a)	χωρικός (– η)
	pêche (n. f.)	Pfirsich	peach	melocotón	pesca	ψαρεμα
	peluche (n. f.)	Plüschtier	cuddly toy	juguete de felpa	brinquedo de película	κουκλάκι (συνηθως αρκουδακι) φτιαγμενο απο χνουδωτό υφασμα
	père (n. m.)	Vater	father	padre	pai	πατερας
	personne (n. f.)	Person	person	persona	pessoa	πρόσωπο, ατομο
	petit/e (adj.)	klein	small	pequeño(a)	pequeno(a)	μικρός (– η)
	phare (n. m.)	Leuchtturm	lighthouse	faro	farol	φάρος
	photo (n. f.)	Foto	photo	foto	foto	φωτογραφια
	phrase (n. f.)	Satz	sentence	frase	frase	φράση
	piano (n. m.)	Klavier	piano	piano	piano	πιάνο
	pièce (n. f.)	Zimmer	room	habitación	divisão	δωμάτιο
	pied (n. m.)	Fuss	foot	pie	pé	πόδι
	ping-pong (n. m.)	Tischtennis	table tennis	tenis de mesa	pingue-pongue	πινγκ – πονγκ
	piscine (n. f.)	Pool	swimming pool	piscina	piscina	πισινα
	placard (n. m.)	Schrank	cupboard	armario	armário	ντουλαπι τοιχου
	plage (n. f.)	Strand	beach	playa	praia	παραλια
	plan (n. m.)	Plan	plan	plano	mapa	πλάνο, χάρτης
	plante (n. f.)	Pflanze	plant	planta	planta	φυτό
	plat (n. m.)	Teller	dish	plato	prato	πιάτο, περιεχόμενο πιάτου
	pleuvoir (v.)	regnen	to rain	llover	chover	βρεχει
	poème (n. m.)	Gedicht	poem	poema	poema	ποίημα
	poire (n. f.)	Birne	pear	pera	pêra	αχλάδι
	poisson (n. m.)	Fisch	fish	pez	peixe	ψάρι
	poivre (n. m.)	Pfeffer	pepper	pimienta	pimenta	πιπερι
	police (n. f.)	Polizei	police	policía	polícia	αστυνομια
	pomme (n. f.)	Apfel	apple	manzana	maçã	μήλο
	pomme de terre (n. f.)	Kartoffel	potato	patata	batata	πατάτα
	port (n. m.)	Hafen	port	puerto	porto	λιμάνι
	porte (n. f.)	Tür	door	puerta	porta	πόρτα
	porte-monnaie (n. m.)	Geldbeutel	purse	monedero	porta-moedas	πορτοφόλι για ψιλά
	porter (v.)	tragen	to wear	llevar	usar	φερω
	portrait (n. m.)	Portrait	description, portrait	retrato	retrato	πορτρετο
	poste (n. f.)	Postamt	post office	correos	correio	ταχυδρομειο
	poster (n. m.)	Poster	poster	cartel	cartaz	ταχυδρομώ
	poulet (n. m.)	Huhn	chicken	pollo	frango	κοτόπουλο
	pouvoir (v.)	können	to be able	poder	poder	μπορώ
	préférer (v.)	vorziehen	to prefer	preferir	preferir	
	prendre (v.)	nehmen	to take	tomar, coger	ir (de bicicleta)	παίρνω
	préparer (v.)	vorbereiten	to prepare	preparar	preparar	ετοιμάζω
	présenter (v.)	vorstellen	to introduce	presentar	apresentar	παρουσιαζω
	printemps (n. m.)	Frühling	spring	primavera	primavera	άνοιξη
	prix (n. m.)	Preis	price	precio	preço	τιμή
	problème (n. m.)	Problem	problem	problema	problema	πρόβλημα
	proche (adj.)	nahe	near	cercano	próximo	κοντινος
	professeur (n. m.)	Lehrer	teacher	profesor	professor(a)	καθηγητης
	programme (n. m.)	Programm	programme	programa	programa	πρόγραμμα, σχεδιο
	projet (n. m.)	Projekt	project	proyecto	projecto	πλανο, σχεδια
	proposer (v.)	vorschlagen	to suggest	proponer	propor	προτεινω
	publicité (n. f.)	Werbung	commercials	publicidad	publicidade	διαφήμιση
	pull (n. m.)	Pullover	pullover	jersey	camisola	πουλόβερ
	pyjama (n. m.)	Schlafanzug	pyjamas	pijama	pijama	πιτζάμα
Q	quai (n. m.)	Bahnsteig	platform	andén	plataforma	προκυμαία, αποβάθρα
	quart (n. m.)	Viertel	quarter	cuarto	quarto (um -)	τεταρτο
R	radio (n. f.)	Radio	radio	radio	rádio	ραδιόφωνο
	raisin (n. m.)	Trauben	grape	uva	uva	σταφυλι
	raison (avoir -) (v.)	recht haben	to be right	tener razón	razão (ter -)	λογική | δίκιο
	ranger (se) (v.)	in Reihe stellen	to line up	colocar	alinhar-se, fazer a bicha	βάζω στη σειρα, αραδιάζω, τακτοποιώ
	rapide (adj.)	schnell	fast	rápido(a)	rápido(a)	γρήγορος
	recette (n. f.)	Rezept	recipe	receta	receita	συνταγή
	reconnaître (v.)	erkennen	to recognize	reconocer	reconhecer	αναγνωρίζω
	refuser (v.)	ablehnen	to refuse	rechazar	recusar	αρνουμαι

regarder (v.)	schauen	to look	mirar	olhar	κοιτάζω
régime (n. m.)	Diät	diet	régimen	regime	διαιτα, διαιτολογιο
région (n. f.)	Region	region	región	região	περιοχή, τόπος, περιφερεια
religieux/religieuse (adj.)	religiös	religious	religioso(a)	religioso(a)	θρησκευτικός (– η), ευλαβής(– ης), ιερός (– η)
remercier (v.)	danken	to thank	agradecer	agradecer	ευχαριστώ
rencontrer (v.)	treffen	to meet	encontrarse	encontrar	συναντώ
renseignement (n. m.)	Auskunft	(piece of) information	información	informação	πληροφορία
rentrée (n. f.)	Schulbeginn	start of the new school year	reapertura del curso escolar	reabertura das aulas	επιστροφή, εναρξη μαθηματων
rentrer (v.)	heim gehen	to go home	volver	regressar, voltar	μετα από διακοπες, επιστρεφω
réponse (n. f.)	Antwort	answer	respuesta	resposta	απαντηση
réserver (v.)	reservieren	to reserve, book	reservar	marcar (um lugar)	κανω κρατηση, κλεινω θεση
restaurant (n. m.)	Restaurant	restaurant	restaurante	restaurante	εστιατόριο
rester (v.)	bleiben	to stay	quedarse	ficar	μενω, παραμενω
retard, en - (n. m.)	Verspätung haben	late	retraso	atrasado(a)	καθυστερηση
rivière (n. f.)	Fluss	river	río	rio	ποταμι
riz (n. m.)	Reis	rice	arroz	arroz	ρυζι
robe (n. f.)	Kleid	dress	vestido	vestido	φόρεμα
rose (adj.)	rosa	pink	rosa	rosa	ροζ
rouge (adj.)	rot	red	rojo(a)	vermelho(a)	κόκκινος
route (n. f.)	Weg	road, way	carretera	estrada	δρόμος, πορεία
roux/rousse (adj.)	rothaarig	red-haired	pelirrojo(a)	ruivo(a)	κοκκινομάλλης (– α), πυρόξανθος (– η)
rue (n. f.)	Strasse	road	calle	rua	δροόος, οδός
sac (n. m.)	Tasche	bag	bolso	sacola	τσάντα
saison (n. f.)	Jahreszeit	season	estación	estação	εποχή
salade (n. f.)	Salat	lettuce	lechuga	alface	σαλάτα
salé/e (adj.)	salzig	savoury	salado(a)	salgado(a)	αλμυρός (– η)
salle (n. f.)	Zimmer	room	sala	sala	αίθουσα
salle à manger (n. f.)	Esszimmer	dining room	comedor	sala de jantar	τραπεζαρία
salle de bains (n. f.)	Badezimmer	bathroom	baño	casa de banho	μπάνιο, λουτρό
salon (n. m.)	Wohnzimmer	lounge	salón	sala de visitas	σαλόνι
salut (n. m.)	Hallo	hello	¡hola!	olá	χαιρετισμός
samedi (n. m.)	Samstag	Saturday	sábado	sábado	Σάββατο
sauce (n. f.)	Sauce	sauce	salsa	molho	σάλτσα
saucisse (n. f.)	Wurst	sausage	salchicha	salsicha	λουκάνικο
saucisson (n. m.)	Wurst	sausage	salchicha	salsichão	χοντρό λουκάνικο
secrétaire (n. m./f.)	Sekretärin	secretary	secretario(a)	secretário(a)	γραμματεας (ο / η)
séjour (n. m.)	Wohnzimmer	living room	sala de estar	sala de estar	το καθιστικό (δωματιο)
sel (n. m.)	Salz	salt	sal	sal	αλάτι
semaine (n. f.)	Woche	week	semana	semana	εβδομάδα
septembre (n. m.)	September	September	septiembre	Setembro	Σεπτέμβριος
serveur (n. m.)	Ober	waiter	camarero	empregado	σερβιτόρος
servir (v.)	bedienen	to serve	servir	servir	σερβίρω
seul/e (adj.)	allein	alone	solo(a)	só	μόνος (– η)
sévère (adj.)	streng	severe, stern	severo(a)	sério(o)	αυστηρός
short (n. m.)	Short	shorts	pantalones cortos	calções (m.pl.)	κοντό παντελόνι, σορτς
sieste (n. f.)	Mittagsschlaf	siesta	siesta	sesta	μεσημεριάτικη ανάπαυση
sirop (n. m.)	Sirup	syrup	jarabe	xarope	σιρόπι
ski (n. m.)	Ski	skiing	esquí	esqui	σκι
snack (n. m.)	Zwischenmahlzeit	snack	merienda	lanche	σνακ
sœur (n. f.)	Schwester	sister	hermana	irmã	αδερφή
soif (n. f.)	Durst	thirst	sed	sede	διψα
soir (n. m.)	Abend	evening	noche	noite	βράδυ
sondage (n. m.)	Umfrage	opinion poll	sondeo	sondagem, pesquisa	βολιδοσκοπιση, σφυγμετρηση
sortir (v.)	ausgehen	to get off; come out of	salir	sair, descer	βγαίνω
soupe (n. f.)	Suppe	soup	sopa	sopa	σουπα
souriant/e (adj.)	lächelnd	cheerful	sonriente	sorridente	χαμογελαστός (– η)
sous-vêtements (n. m. pl.)	Unterwäsche	underwear	ropa interior	roupa interior(f.sing.)	εσώρουχα
soutien-gorge (n. m.)	BH	bra	sostén	soutiens	σουτιεν
souvenir (n. m.)	Souvenir	souvenir	recuerdo	lembrança	αναμνηστικό
spectacle (n. m.)	Veranstaltung	show	espectáculo	espectáculo	θεαμα, παρασταση
sport (n. m.)	Sport	sport	deporte	desporto	άθλημα, σπορ
sportif/sportive (adj.)	sportlich	athletic	deportivo(a)	desportivo	αθλητικός (– η)
stade (n. m.)	Stadion	stadium	estadio	estádio	σταδιο
stylo (n. m.)	Kuli	pen	estilográfica	caneta	στυλό
sucre (n. m.)	Zucker	sugar	azúcar	açúcar	ζάχαρη
sucré/e (adj.)	süss	sweet	dulce	açucarado(a)	γλυκός (– ιά)
sud (n. m.)	Süden	south	sur	Sul	νοτος
suisse (adj.)	Schweizer	Swiss	suizo	Suíça	ελβετός
suite (n. f.)	Folge	rest, continuation	continuación	continuação	συνεχεια, ακολουθια
suivre (v.)	folgen	to follow	seguir	seguir	ακολουθώ
supermarché (n. m.)	Supermarkt	supermarket	supermercado	supermercado	σουπερ – μάρκετ
sûr/e (adj.)	sicher	sure	seguro(a)	é claro	βεβαιος (– η), σιγουρος (– η)
surveillant (n. m.)	Überwacher	supervisor	inspector	auxiliar educativo	επόπτης
sympathique (adj.)	nett	nice	simpático(a)	agradável	συμπαθητικός
synthétiseur (n. m.)	Synthesizer	synthesizer	sintetizador	sintetizador	συνθεσάιζερ

T table (n. f.)	Tisch	table	mesa	mesa	τραπεζι
tableau (n. m.)	Tafel	(black)board	pizarrón	quadro	πίνακας
tante (n. f.)	Tante	aunt	tía	tia	θεία
tarte (n. f.)	Kuchen	tart	tarta	torta	τάρτα
tasse (n. f.)	Tasse	cup	taza	chávena	φλιτζάνι
taxi (n. m.)	Taxi	taxi	taxi	táxi	ταξι
téléphone (n. m.)	Telefon	telephone	teléfono	telefone	τηλεφωνο
téléphoner (v.)	anrufen	to telephone	telefonear	telefonar	τηλεφωνώ
télévision (n. f.)	Fernsehen	television	televisión	televisão	τηλεόραση
temps (n. m.)	Zeit	time	tiempo	tempo	καιρός
tenir (v.)	halten	to hold	tener, coger	tomar, segurar	κρατώ
tennis (n. m.)	Turnschuhe	tennis shoes	zapatillas	ténis (m.pl.)	τεννις
terminale (n. f.)	13. Klasse	final year at secondary school, upper sixth	último año del bachillerato	décimo segundo ano	η τελευταια τάξη του λυκειου
terrasse (n. f.)	Terrasse	terrace	terraza	terraço	βεράντα
thé (n. m.)	Tee	tea	té	chá	τσάι
théâtre (n. m.)	Theater	theatre	teatro	teatro	θεατρο
titre (n. m.)	Titel, Name	title, name	título	título	τίτλο
toilettes (n. f. pl.)	Toilette	toilet	servicios	casa de banho	τουαλετα , W.C
toit (n. m.)	Dach	roof	tejado	tecto	σκεπή ,στεγη
tomate (n. f.)	Tomate	tomato	tomate	tomate	τομάτα
tomber (v.)	fallen	to fall	caerse	cair	πεφτω
tort (avoir -) (v.)	Unrecht haben	to be wrong	equivocarse	razão (não ter)	εχω αδικο
tour (n. f.)	Turm	tower	torre	torre	πυργος
touristique (adj.)	Tourist	tourist	turístico	turístico(a)	τουριστικός
tourner (v.)	drehen	to stir	mezclar	mexer, misturar	γυρίζω , στρεφω , ανακατευω
train (n. m.)	Zug	train	tren	comboio	τρενο
transport (n. m.)	Transport	transport	transporte	transporte	συγκοινωνία
travail (n. m.)	Arbeit	work	trabajo	trabalho	εργασία , δουλειά
trousse (n. f.)	Mäppchen	pencil case	estuche	estojo	κασετινα , νεσεσερ
tunnel (n. m.)	Tunnel	tunnel	túnel	túnel	σηραγγα , τουνελ
U université (n. m.)	Universität	university	universidad	universidade	πανεπιστήμιο
urgence (n. f.)	Notfall	emergency	urgencia	urgência	εκτακτη ανάγκη
V vacances (n. f. pl.)	Ferien	holidays	vacaciones	férias	διακοπες
vague (n. f.)	Welle	wave	ola	onda	κυμα
vaisselle (n. f.)	Geschirr	dishes, washing up	vajilla (fregar los cacharros)	louça	πιατα και μαχαιροπιρουνα
valise (n. f.)	Koffer	suitcase	maleta	mala	βαλίτσα
vanille (n. f.)	Vanille	vanilla	vainilla	baunilha	βανίλια
vélo (n. m.)	Fahrrad	bicycle	bicicleta	bicicleta	ποδήλατο
vendeur (n. m.)/vendeuse (n. f.)	Verkäufer/in	sales assistant	dependiente/a	vendedor(a)	πωλητής / πωλήτρια
vendre (v.)	verkaufen	to sell	vender	vender	πουλώ
vendredi (n. m.)	Freitag	Friday	viernes	sexta-feira	Παρασκευή
venir (v.)	kommen	to come	venir	vir	ερχομαι
vent (n. m.)	Wind	wind	viento	vento	αερας , ανεμος
ventre (n. m.)	Bauch	stomach	vientre	estômago	κοιλιά
vérité (n. f.)	Wahrheit	truth	verdad	verdade	αλήθεια
verre (n. m.)	Glas	glass	vaso	copo	ποτήρι
vert/e (adj.)	grün	green	verde	verde	πρασινος (– η)
veste (n. f.)	Jacke	jacket	chaqueta	casaco	σακάκι
vêtement (n. m.)	Kleidungsstück	article of clothing	ropa	roupa	ενδυμα , ρουχο
vidéo (n. f.)	Video	video	video	vídeo	βίντεο
vieux/vieille (adj.)	alt	old	viejo(a)	velho(a)	γερος (–ια)
village (n. m.)	Dorf	village	aldea	aldeia	χωριό
ville (n. f.)	Stadt	town, city	ciudad	cidade	πολη
vin (n. m.)	Wein	wine	vino	vinho	κρασί
vinaigre (n. m.)	Essig	vinegar	vinagre	vinagre	ξυδι
violet/violette (adj.)	lila	purple, violet	violeta	violeta	μενεξεδενιος (– α)
violon (n. m.)	Geige	violin	violín	violino	βιολί
vitesse (n. f.)	Geschwindigkeit	speed	velocidad	velocidade	ταχυτητα
vitrine (n. f.)	Schaufenster	shop window	escaparate	montra	βιτρίνα , προθήκη
vivre (v.)	leben	to live	vivir	viver	ζώ , κατοικώ , μενω
voile (n. f.)	Segeln	sailing	vela	vela	ιστίο , πανί
voilier (n. m.)	Segelboot	sailing boat	velero	barco à vela	ιστιοφόρο
voir (v.)	sehen	to see	ver	ver	βλεπω
voisin (n. m.)	Nachbar	neighbour	vecino	vizinho	γειτονας
voiture (n. f.)	Auto	car	coche	carro	αυτοκινητο
voix (n. f.)	Stimme	voice	voz	voz	φωνή
vol (n. m.)	Flug	flight	vuelo	voo	πτήση
voyage (n. m.)	Reise	journey, trip	viaje	viagem	ταξίδι
voyageur (n. m.)	Passagier	passenger	viajero	viajante	ταξιδιωτης
vue (n. f.)	Blick	view	vista	vista	θεα
Y yaourt (n. m.)	Jogurth	yoghurt	yogurt	iogurte	γιαουρτι
yeux (m.pl.)	Augen	eyes	ojos	olhos	μάτια